L'esprit, l'âme et
le corps : Volume 1

L'histoire de la poursuite mystérieuse de notre « Moi »

L'esprit, l'âme et
le corps : Volume 1

Dr. Jaerock Lee

L'esprit, l'âme, et le corps : Volume 1 par le Dr Jaerock Lee
Publié par Urim Books (représentant : Johnny. H. Kim)
235-3, Guro-dong 3, Guro-gu, Séoul, Corée.
www.urimbooks.com

Tous droits réservés. Ce livre ou parties ne peut être reproduit sous quelque forme, stocké dans un système de récupération ou transmis sous quelque forme ou par quelque moyen que ce soit, électronique, mécanique, photocopie, enregistrement ou autre, sans autorisation préalable écrite de l'éditeur.

Sauf indication contraire, toutes les citations de textes sacrés sont issues de la Sainte Bible, NEW AMERICAN STANDARD BIBLE, ®, du droit d'auteur © 1960, 1962, 1963, 1968, 1971, 1972, 1973, 1975, 1977, 1995 par la Fondation Lockman. Utilisé avec permission.

Copyright © 2012 par Dr Jaerock Lee
ISBN : 979-11-263-1310-5 03230
Copyright de la traduction © 2012 par Dr Esther K. Chung. Utilisé avec permission.

Précédemment publié en coréen par Urim Books en 2009.

Première publication Juillet 2012

Édité par le Dr Geumsun Vin
Mise en page par le bureau éditorial d'Urim Books
Pour plus d'informations contacter : urimbook@hotmail.com

Avant-propos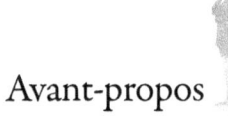

Les gens désirent généralement connaitre le succès et vivre une vie heureuse et confortable. Mais même avec de l'argent, du pouvoir et une renommée, personne ne peut échapper à la mort. Shir Huang-di, le Premier Empereur de la Chine ancienne, a cherché une plante d'élixir de vie, mais lui non plus n'a pas pu échapper à sa mort. Toutefois, dans la Bible, Dieu nous a enseignés comment gagner une vie qui est éternelle. Cette vie coule de Jésus Christ.

Lorsque j'ai accepté Jésus-Christ et ai commencé à lire la Bible, j'ai commencé à prier profondément et à comprendre le cœur de Dieu. Dieu m'a répondu après sept ans de prières et de périodes de jeûnes innombrables. Après que j'ai ouvert une église, Dieu m'a expliqué beaucoup de passages difficiles de la Bible par l'inspiration de l'Esprit-Saint, dont le contenu détaillé de « L'esprit, l'âme et le corps ». Voici le récit mystérieux qui nous permet de comprendre l'origine des hommes et de nous comprendre. Il s'agit du récit de choses que je n'ai jamais entendu nulle part d'autre et cela me remplit d'une joie indescriptible.

Quand j'ai apporté ces messages sur l'esprit, l'âme et le corps, nous avons reçu beaucoup de témoignages et de réponses aussi bien de Corée que de l'étranger. Beaucoup disent qu'ils se sont compris, qu'ils ont réalisé quels types d'êtres ils étaient, et ont reçu des réponses à beaucoup de passages difficiles de la Bible, ainsi qu'une compréhension des façons de gagner la vraie vie. Certaines de ces personnes disent avoir désormais pour but de devenir des personnes d'esprit et de participer à la nature divine et elles font tous leurs efforts pour y arriver, selon 2 Pierre 1:4 qui nous dit : « Celles-ci nous assurent de sa part les plus grandes et les plus précieuses promesses, afin que par elles vous deveniez participants de la nature divine, en fuyant la corruption qui existe dans le monde par la convoitise. »

Dans L'art de la guerre, Sun Tzu's déclare que si vous vous connaissez vous-même et connaissez votre ennemi, vous ne perdrez jamais aucune bataille. Les messages sur « L'esprit, l'âme et le corps » ont fait la lumière sur certaines parties profondes de notre « Moi » et nous enseignent concernent l'origine des hommes. Lorsque nous apprendrons et comprendrons vraiment ce message, nous serons en mesure de comprendre tous types de personnes. Nous verrons également comment vaincre les forces des ténèbres, qui nous affectent, et vivre des vies chrétiennes victorieuses.

Je remercie Gemsun Vin, directeur du Bureau d'Édition, ainsi que les équipiers qui se sont consacrés à la publication de ce livre. J'espère que vous prospérerez en toutes choses et que vous serez sain comme votre âme prospère, et deviendrez participants à la nature divine.

Juin 2009
Jaerock Lee

Commencer le voyage de l'esprit, l'âme et le corps

« Que le Dieu de paix vous sanctifie lui-même tout entiers, et que tout votre être, l'esprit, l'âme et le corps, soit conservé irréprochable, lors de l'avènement de notre Seigneur Jésus-Christ! »(1 Thessaloniciens 5:23).

Les théologiens ont débattu des éléments constituants les êtres humains selon deux théories : la théorie dichotomique et la théorie trichotomique. La théorie dichotomique stipule que les êtres humains sont composés de deux éléments : l'esprit et le corps, tandis que la théorie trichotomique croit en trois parties : l'esprit, l'âme et le corps. Le présent ouvrage se base sur la théorie trichotomique.

D'ordinaire, la connaissance peut être divisée en connaissance de Dieu et connaissance des hommes. Il est très important que nous apprenions à connaitre Dieu durant notre vie sur terre. Nous pouvons mener une vie réussie et gagner la vie éternelle si nous comprenons le cœur de Dieu et faisons Sa volonté.

Les êtres humains ont été créés à l'image de Dieu et, sans Dieu, ils ne peuvent pas vivre. Sans Dieu les êtres humains ne peuvent pas non plus clairement comprendre leur origine. Nous ne pouvons avoir les réponses à la question de l'origine des hommes que lorsque nous savons qui Dieu est.

L'esprit, l'âme et le corps appartiennent à un domaine

que nous ne pouvons pas comprendre uniquement par la connaissance, la sagesse et la puissance humaines. Il s'agit d'un domaine que nous ne pouvons arriver à comprendre que grâce à Dieu qui seul comprend l'origine des êtres humains. Il s'agit du même principe que celui du fabricant d'ordinateurs. Celui qui a conçu l'ordinateur possède la connaissance professionnelle des structures et principes de l'ordinateur et est, dès lors, le mieux placé pour résoudre tous problèmes liés au fonctionnement de l'ordinateur. Ce livre est rempli de connaissances spirituelles de la quatrième dimension qui nous apportent des réponses claires en ce qui concerne l'esprit, l'âme et le corps.

Les éléments spécifiques que les lecteurs peuvent apprendre de ce livre incluent les suivants :

1. Par la compréhension spirituelle de l'esprit, de l'âme et du corps, qui sont les composants des êtres humains, les lecteurs peuvent examiner leur « Moi » et gagner une perspective sur la vie elle-même.

2. Ils peuvent arriver à une réalisation pleine quant à qui ils sont vraiment et quel type de « Moi » ils ont développé. Ce livre montre une façon pour les lecteurs de se réaliser eux-mêmes comme l'apôtre Paul le dit en 1 Corinthiens 15:31 « Chaque jour je suis exposé à la mort » et arriver à la sainteté et devenir les hommes d'esprit que Dieu désire.

3. Nous ne pouvons éviter d'être pris au piège par l'ennemi le diable et Satan et développer la puissance pour vaincre l'obscurité que quand nous comprenons ce qui nous concerne. Selon les paroles de Jésus qui a dit que « Si elle a appelé dieux ceux à qui la parole de Dieu a été adressée, et si l'Ecriture ne peut être anéantie » (John 10:35), ce livre montre le raccourci pour les lecteurs participer à la nature divine de Dieu et recevoir toutes les bénédictions promises par Dieu.

L'esprit, l'âme, et le corps : Volume 1
Table des matières

Avant-propos

Commencer le voyage de l'esprit, l'âme et le corps

Partie 1 La formation de la chair

Chapitre 1 Le concept de la chair 2
Chapitre 2 La Création 12
    1. La séparation mystérieuse des espaces
    2. Espace physique et espace spirituel
    3. Les êtres humaines avec esprit, âme et corps
Chapitre 3 Les êtres humains dans l'espace physique 36
    1. La semence de vie
    2. Comment l'Homme vient à exister
    3. La conscience
    4. Les œuvres de la chair
    5. La culture

Partie 2 La formation de l'âme
(Fonctionnements de l'âme dans un espace physique)

Chapitre 1 La formation de l'âme 84
    1. La définition de l'âme
    2. Divers fonctionnements de l'âme dans un espace physique
    3. Les ténèbres
Chapitre 2 Le Moi 124
Chapitre 3 Les choses de la chair 140
Chapitre 4 Au-delà du niveau d'esprit vivant 158

Partie 3 Rétablir l'esprit

Chapitre 1 Esprit et plénitude d'esprit   172
Chapitre 2 Le plan initial de Dieu   196
Chapitre 3 L'être humain véritable   206
Chapitre 4 Le royaume spirituel   222

 L'esprit, l'âme, et le corps : Volume 1

Partie 1

La formation de la chair

Quelle est l'origine des êtres humains ?
D'où venons-nous et où allons-nous ?

C'est toi qui as formé mes reins,
Qui m'as tissé dans le sein de ma mère.
Je te loue de ce que je suis une créature si merveilleuse.
Tes œuvres sont admirables,
Et mon âme le reconnaît bien.
Mon corps n'était point caché devant toi,
Lorsque j'ai été fait dans un lieu secret,
Tissé dans les profondeurs de la terre.
Quand je n'étais qu'une masse informe, tes yeux me voyaient;
Et sur ton livre étaient tous inscrits
Les jours qui m'étaient destinés,
Avant qu'aucun d'eux existe.
Psaume 139 : 13-16

Chapitre 1
Le concept de la chair

Le corps humain qui redevient une poignée de poussière avec le temps ; toutes les nourritures que les hommes mangent ; tout ce que les hommes voient, entendent et apprécient et tout ce qu'ils créent – toutes ces choses sont des exemples de « la chair ».

Qu'est-ce que la chair ?

Les hommes sont indignes, sans aucune valeur, s'ils demeurent dans la chair

Les choses de l'univers ont toutes des dimensions différentes

Les plus hautes dimensions soumettent et exercent un contrôle sur les

dimensions plus basses

Au travers l'histoire des êtres humains, les gens ont cherché la réponse à la question de savoir ce que l'Homme est. La réponse à cette question nous donnera une réponse à d'autres questions, telles que « Quel est le but de notre existence ? » et « Comment sommes-nous censés vivre nos vies ? » Les études, recherches et contemplations quant à l'existence de l'Homme sont nombreuses dans les sphères de la philosophie et de la religion, mais il n'est pas facile de trouver une réponse claire et concise.

Néanmoins, les gens ont constamment et à maintes reprises essayé de trouver la réponse aux questions « Quel type d'être est l'Homme ? » et « Qui suis-je ? » Ces questions sont posées parce que leur réponse pourrait bien être la clé qui permettrait de résoudre les problèmes fondamentaux de l'existence humaine. Les études de ce monde ne peuvent pas donner de réponses claires à ces questions, mais Dieu le peut. Il a créé l'univers et toutes les choses qu'il renferme et Il a créé l'être humain. La réponse de Dieu est la réponse correcte. Nous pouvons trouver des indices à ces questions dans la Bible, qui est la Parole de Dieu.

Les théoriciens classent fréquemment les parties qui composent un être humain en deux catégories, son « esprit » et son « corps ». La partie qui compose les aspects mentaux est appelée « l'esprit » et la partie composée des d'aspects visibles et physiques est appelée « le corps ». Toutefois, la Bible classe la composition de l'homme en trois parties : l'esprit, l'âme et le corps.

1 Thessaloniciens 5:23 déclare : « Que le Dieu de paix vous sanctifie lui-même tout entiers, et que tout votre être, l'esprit, l'âme et le corps, soit conservé irréprochable, lors de l'avènement de notre Seigneur Jésus-Christ! Celui qui vous a appelés est fidèle, et c'est lui qui le fera. »

L'esprit et l'âme ne sont pas les mêmes choses. Ce ne sont pas simplement des mots différents, ce sont des choses différentes en essence. Pour comprendre ce qu'est « l'être humain », nous devons apprendre ce que sont le corps, l'âme et l'esprit.

Qu'est-ce que la chair ?

Considérons premièrement la définition du dictionnaire du mot « chair ». Le dictionnaire Larousse en ligne défini le mot « chair » comme : « Tissu musculaire et conjonctif du corps humain et animal que recouvre la peau. » Ce mot peut également faire référence aux parties d'un animal considérées comestibles. Cependant, pour comprendre ce à quoi ce mot « chair » se réfère dans la Bible, il nous faut comprendre la signification spirituelle du mot plutôt que sa définition du dictionnaire.

La Bible utilise souvent les mots « corps » et « chair ». Dans la plupart des cas, ils ont le même sens spirituel. Spirituellement parlant, « chair » est un terme générique pour parler de choses qui périssent, changent et finalement disparaissent au fil du temps. Il s'agit également de choses qui sont sales et impures. Les arbres ont des feuilles vertes qui sécheront un jour et mourront et ils ont des branches et des troncs qui pourront être utilisées pour faire du bois de chauffage. Les arbres, les plantes et toutes les choses naturelles périssent, pourrissent et disparaissent avec le temps. Toutes ces choses font donc partie de la « chair ».

Qu'en est-il de l'Homme, seigneur de toutes les créatures ? Aujourd'hui, il y a environ 7 milliards de gens dans le monde. En ce moment même, des bébés sont continuellement en train de naître quelque part sur terre et d'autres personnes sont mourantes quelque part d'autre. Lorsque ces personnes mourront, leurs corps redeviendront une poignée de poussière. Ils font également partie de la « chair ». De plus, la nourriture qui est mangée, les langues qui sont parlées, les alphabets qui enregistrent les pensées et les civilisations scientifiques et technologiques dont les hommes ont besoin sont également de l'ordre de la chair. Ils périssent, changent et meurent avec le temps. Donc, tout ce qui est sur cette terre et que nous pouvons voir, toutes les choses de l'univers telles que nous les connaissons font également partie de la « chair ».

Les hommes, qui se sont éloignés de Dieu, sont des êtres charnels. Les choses qu'ils font sont également « charnelles ». Quelles sont les choses que les hommes charnels développent et recherchent ? Ils ne recherchent que les plaisirs de la chair, le plaisir des yeux et l'orgueil vain de la vie. Même les civilisations que les hommes ont développées ne servent qu'à satisfaire les cinq sens des hommes. Ils cherchent le plaisir et la satisfaction de leurs convoitises et désirs charnels. Avec le temps, les gens ont cherché des choses de plus en plus sensuelles et provocatrices. Plus une civilisation se développe, plus les gens deviennent lubriques et corrompus.

Mais s'il existe une « chair » visible, il en existe également une qui est invisible. La Bible dit que la haine les disputes, la jalousie, le meurtre, l'adultère et toutes les choses liées au péché sont de la chair. Tout comme l'odeur des fleurs, l'air et le vent existent mais sont pourtant sont invisibles, il existe également des natures pécheresses invisibles dans les cœurs des êtres humains. Toutes ces choses font également partie de la « chair ». C'est pourquoi, la chair est le terme générique pour toutes les choses de l'univers qui périssent et changent avec le temps, et pour toutes les choses qui vont contre la vérité, comme le péché, l'injustice et l'iniquité.

Romains 8:8 déclare : « Or, ceux qui vivent selon la chair ne sauraient plaire à Dieu. » Si le mot « chair » de ce verset faisait uniquement référence au corps physique, cela reviendrait à dire qu'aucun être humain ne pourra jamais plaire à Dieu. Il doit y avoir une autre explication.

De plus, Jésus dit en Jean 3:6 : « Ce qui est né de la chair est chair, et ce qui est né de l'Esprit est Esprit » et en Jean 6:63, il est écrit : « C'est l'Esprit qui vivifie; la chair ne sert à rien. Les paroles que je vous ai dites sont Esprit et vie. » Le terme « chair » dans ce cas-ci fait également référence aux choses qui périssent et changent et c'est pour cela que Jésus dit que la chair ne sert à rien.

Les hommes sont indignes, sans aucune valeur, s'ils demeurent dans la chair

Contrairement aux animaux, les hommes cherchent certaines valeurs fondées sur leurs émotions et leurs pensées. Mais ces choses ne sont pas éternelles et elles font donc également partie de la chair. Les choses que les êtres humains considèrent précieuses, comme la richesse, la popularité et la connaissance, sont également des choses vaines qui périront bientôt. Et qu'en est-il du sentiment appelé « amour » ? Lorsque deux personnes se fréquentent, il se peut qu'elles disent ne pas pouvoir se passer l'une de l'autre. Cependant, beaucoup de ces couples changent d'avis une fois mariés. Ils se mettent facilement en colère et se frustrent au point de devenir violents uniquement parce qu'ils n'aiment pas quelque chose. Tous ces changements de sentiments sont également de l'ordre de la chair. Si les êtres humains demeurent dans la chair, ils ne sont pas si différents des animaux ou des plantes. Du point de vue divin, toutes les choses qui périront ou disparaitront un jour font partie de la chair.

1 Pierre 1:24 affirme : « Car toute chair est comme l'herbe, et toute sa gloire comme la fleur de l'herbe. L'herbe sèche, et la fleur tombe » et Jacques 4:14 nous dit : « Vous qui ne savez pas ce qui arrivera demain ! car, qu'est-ce que votre vie ? Vous êtes une vapeur qui paraît pour un peu de temps, et qui ensuite disparaît. »

Le corps et toutes les pensées des hommes sont vains puisqu'ils s'éloignent de la Parole de Dieu qui est esprit. Le roi Salomon jouissait de plus d'honneur et de splendeur que tout autre homme sur cette terre, mais il a compris à quel point la chair était vaine et a déclaré : « Vanité des vanités, dit l'Ecclésiaste, vanité des vanités, tout est vanité. Quel avantage revient-il à l'homme de toute la peine qu'il se donne sous le soleil ? » (Ecclésiaste 1:2-3).

Les choses de l'univers ont toutes des dimensions différentes

En physique et en mathématiques, la dimension est déterminée par l'une des trois coordonnées qui déterminent une position dans l'espace. Un point sur une ligne a une coordonnée et est donc unidimensionnel. Un point sur un plan a deux coordonnées et est donc bidimensionnel. De la même façon, un point dans l'espace a trois coordonnées et est donc tridimensionnel.

L'espace dans lequel nous vivons est un monde tridimensionnel physiquement parlant. Dans des domaines plus profonds de la physique, les scientifiques considèrent le temps comme une quatrième dimension. C'est ainsi que la science comprend les dimensions.

Cependant, du point de vue de l'esprit, de l'âme et du corps, les dimensions peuvent généralement être divisées en dimensions physiques et spirituelles. La dimension physique est elle-même classée de « non-dimensionnelle » à « tridimensionnelle ».

Tout d'abord, le terme « non-dimensionnel » se réfère aux choses non-vivantes. Les rochers, la terre, l'eau, les minerais font partie de cette catégorie. Toutes les choses vivantes font partie de la première, de la deuxième ou de la troisième catégorie dimensionnelle.

La première dimension se réfère aux choses qui ont la vie et respirent mais ne peuvent pas se déplacer, c'est-à-dire qu'elles n'ont pas de mobilité fonctionnelle. Cette dimension inclut les fleurs, l'herbe, les arbres et les autres plantes. Ces choses ont un corps mais ne possèdent ni âme, ni esprit.

La deuxième dimension inclut les choses vivantes qui respirent, peuvent se déplacer et ont un corps et une âme. Il s'agit d'animaux, tels que les lions, les vaches, les moutons, les oiseaux, les poissons et les insectes. Les chiens peuvent reconnaitre leur maitre et aboyer en voyant des étrangers parce qu'ils ont une âme.

La troisième dimension inclut les choses qui respirent, se déplacent et possèdent une âme et un esprit à l'intérieur de leur corps visible. Il s'agit des êtres humains, qui sont les seigneurs de toute la création. Contrairement aux animaux, les êtres humains ont un esprit. Ils sont capables de penser, de chercher Dieu et de croire en Dieu.

Il existe également une quatrième dimension qui est invisible à nos yeux. Il s'agit de la dimension spirituelle. Dieu est esprit et les armées célestes, les anges et les chérubins également font tous partie de cette dimension.

Les plus hautes dimensions soumettent et exercent un contrôle sur les dimensions plus basses

Les êtres de la deuxième dimension peuvent soumettre et exercer un contrôle sur les êtres de la première dimension ou sur les choses de dimension plus basse. Les êtres de la troisième dimension peuvent soumettre et exercer un contrôle sur les êtres de la deuxième dimension ou sur les choses de dimension plus basse. Les êtres de dimensions plus basses ne sont pas capables de comprendre les dimensions qui sont plus hautes que la leur. Les formes de vie de la première dimension ne peuvent comprendre la deuxième dimension et les formes de vie de la deuxième dimension ne peuvent comprendre la troisième dimension. Supposons, par exemple, qu'une personne sème un certain type de semence dans le sol, l'arrose et en prenne soin. Lorsque la semence germe, elle grandit pour devenir un arbre et porte du fruit. Cette semence ne comprend pas ce que l'homme lui a fait. Même lorsque les vers sont piétinés par les hommes et meurent, ils n'en comprennent pas la raison. Les dimensions supérieures peuvent soumettre et exercer un contrôle sur les être de dimensions inférieures, mais généralement les êtres de dimensions plus basses n'ont pas d'autre choix que d'être dominés par les êtres de dimensions supérieures.

De la même façon, les êtres humains, qui sont des êtres de la troisième dimension, ne comprennent pas le royaume spirituel, qui fait partie du monde de la quatrième dimension. Donc, les hommes faits de chair ne peuvent rien faire par rapport à la domination et au contrôle des démons. Cependant, si nous rejetons la chair et devenons des hommes d'esprit, nous pouvons entrer dans le monde de la quatrième dimension. C'est alors que nous pouvons soumettre et vaincre des esprits méchants.

Dieu qui est esprit veut que Ses enfants comprennent le monde de la quatrième dimension. De cette façon, ils peuvent comprendre la volonté de Dieu, lui obéir et recevoir la vie. En Genèse 1, avant qu'Adam ne mange de l'arbre de la connaissance du bien et du mal, il dominait et régnait sur toutes choses. Il fut un temps où Adam était un esprit vivant et appartenait à la quatrième dimension. Cependant, après qu'il ait péché, son esprit a péri. Et c'est non seulement Adam, mais encore tous ses descendants qui faisaient désormais partie de la troisième dimension. Considérons à présent la façon dont les êtres humains, qui ont été créés par Dieu, ont chuté vers la troisième dimension, et comment ils peuvent revenir au monde de la quatrième dimension !

Chapitre 2
La création

Dieu le Créateur a conçu un plan extraordinaire pour la race humaine. Il a séparé l'espace divin en un espace physique et spirituel et Il a créé les cieux, la terre et tout ce qui s'y trouve.

1. La séparation mystérieuse des espaces

2. Espace physique et espace spirituel

3. Les êtres humaines avec esprit, âme et corps

Depuis la nuit des temps, Dieu existait seul dans l'univers. Il existait comme la Lumière et régnait sur tout ce qui se déplaçait dans les vastes espaces de l'univers. En 1 Jean 1:5, il est écrit que Dieu est Lumière. Cela fait avant tout référence à la lumière spirituelle, mais également à Dieu qui existait comme la Lumière dès le commencement.

Personne n'a donné naissance à Dieu. Il est l'être parfait, existant de par lui-même. Ainsi donc, nous ne devrions pas essayer de Le comprendre par notre pouvoir et notre connaissance limitées. Jean 1:1 contient le secret du « commencement ». Il déclare : « Au commencement était la Parole. » Ceci est l'explication concernant le fait que Dieu était accompagné de la Parole dans ces lumières mystérieuses et si belles et régnait sur tous les espaces de l'univers.

Dans ce verset, le terme « commencement » fait référence à un point avant l'éternité, un moment que les Hommes ne peuvent imaginer. Ce moment se situe même avant le « commencement » de Genèse 1:1, qui annonce le commencement de la création. Que se passait-il donc avant la création du monde ?

1. La séparation mystérieuse des espaces

Le royaume spirituel n'est pas très éloigné. Il existe, à différents endroits du ciel visible, des portails qui sont connectés avec le royaume spirituel.

Après qu'une période de temps très longue se soit passée, Dieu a désiré avoir près de lui quelqu'un avec qui Il pourrait partager Son amour et bien d'autres choses. Dieu possède à la fois la divinité et l'humanité et c'est pour cette raison qu'il a voulu partager tout ce qu'Il avait avec quelqu'un au lieu d'en profiter tout seul. C'est dans cette optique qu'Il a établi le plan de la culture humaine. Il s'agissait du plan de les créer, de les bénir, de les faire grandir en nombre et de les multiplier, et ainsi d'avoir un nombre incalculable d'âmes à la ressemblance de Dieu, pour enfin les accueillir dans Son royaume céleste. Tout comme le fermier cultive une récolte, la rassemble et conserve la moisson dans la grange.

Dieu savait qu'il était nécessaire de créer un espace spirituel où Il pourrait demeurer et un espace physique où la culture humaine pourrait être réalisée. Il a séparé l'univers vaste en royaume spirituel et royaume physique. Á partir de ce moment-là, Dieu s'est mis a existé comme Dieu la Trinité, en étant à la fois Dieu le Père, Dieu le Fils et Dieu le Saint-Esprit. Cela était dû au fait que, pour la culture humaine qui aurait lieu dans l'avenir, le Sauveur Jésus et l'aide qu'est le Saint-Esprit seraient nécessaires.

En Apocalypse 22:13, il est écrit : « Je suis l'alpha et l'oméga,

La formation de la chair

le premier et le dernier, le commencement et la fin. » Il s'agit d'un compte-rendu concernant Dieu la Trinité. L'expression « Alpha et Oméga » fait référence à Dieu le Père, qui est le commencement et la fin de toute connaissance et de la civilisation des êtres humains. L'expression « le premier et le dernier » fait référence à Dieu le Fils, Jésus, qui est le premier et le dernier pour ce qui est du salut des hommes. L'expression « le commencement et la fin » fait référence au Saint-Esprit qui est le commencement et la fin de la culture humaine.

Jésus le Fils accomplit l'œuvre du Sauveur. Le Saint-Esprit rend témoignage du Sauveur en tant qu'Aide et Il achève le salut de l'humanité. La Bible parle du Saint-Esprit de maintes façons différentes, y compris en le comparant à une colombe ou à un feu, voire même à « L'Esprit du Fils de Dieu ». Galates 4:6 affirme : « Et parce que vous êtes fils, Dieu a envoyé dans nos cœurs l'Esprit de son Fils, lequel crie: Abba! Père! » Par ailleurs, Jean 15:26 dit également : « Quand sera venu le consolateur, que je vous enverrai de la part du Père, l'Esprit de vérité, qui vient du Père, il rendra témoignage de moi. »

Dieu le Père, le Fils et le Saint-Esprit ont pris des formes spécifiques pour accomplir la providence de la culture humaine, et Ils discutaient de tous les plans ensemble. Cela est rapporté dans le récit de la création de Genèse 1.

Lorsqu'en Genèse 1:26 il est écrit « Puis Dieu dit: Faisons l'homme à notre image, selon notre ressemblance », cela ne signifie pas que les hommes ne sont font qu'à l'image extérieure de Dieu le Père, le Fils et le Saint-Esprit. Cela signifie, au contraire, que l'esprit, qui est le fondement des hommes, est donné par Dieu et que cet esprit est à la ressemblance du Dieu saint.

Royaumes physique et spirituel

Quand Dieu existait seul, Il n'avait pas besoin de faire une différence entre le monde physique et le monde spirituel. Cependant, pour la culture des êtres humains, il était nécessaire de créer un royaume physique où les êtres humains pourraient vivre. C'est pour cette raison qu'Il a séparé le royaume physique du royaume spirituel.

Toutefois, le fait de séparer le royaume physique du royaume spirituel ne signifie pas que ces royaumes étaient divisés en deux espaces complètement séparés comme lorsque l'on coupe quelque chose en deux. Supposons, en guise d'exemple, qu'il y ait deux sortes de gaz dans une pièce. Nous ajoutons un certain composant chimique afin que l'un des gaz prenne la couleur rouge pour le différencier de l'autre gaz. Bien qu'il y ait deux gaz dans la pièce, nos yeux ne peuvent voir que le gaz qui apparaît en rouge. Cependant, bien que l'autre gaz ne soit pas visible, il est également bel et bien là.

De la même façon, Dieu a séparé l'espace spirituel vaste en un royaume physique et un royaume spirituel. Bien entendu, ces royaumes physiques et spirituels ne coexistent pas de la même façon que les deux types de gaz de notre exemple. En effet, ils semblent être séparés, mais, en réalité, ils se chevauchent. Et, s'ils semblent se chevaucher, ils sont également bien séparés.

La preuve de l'existence séparée et mystérieuse d'un royaume physique et d'un royaume spirituel se trouve dans le fait que Dieu a placé des portails vers le royaume spirituel à différents endroits de l'univers. Le royaume spirituel n'est pas un endroit très éloigné. Il existe des portails vers le royaume spirituel à différents endroits du ciel visible. Si Dieu ouvrait nos yeux spirituels, nous serions en mesure dans certains cas de voir le royaume spirituel par ces portails.

Quand Étienne était rempli du Saint-Esprit et a vu Jésus se tenant debout à la droite de Dieu, cela était dû au fait qu'aussi bien ses yeux spirituels qu'un portail vers le royaume spirituel aient été ouverts (Actes 7:55-56).

Élie a été enlevé au Ciel vivant. Le Seigneur Jésus ressuscité est monté vers le Ciel. Moïse et Élie sont apparus à la montagne de la transfiguration. Nous pouvons comprendre comment ces évènements se sont vraiment produits si nous reconnaissons le fait qu'il existe des portails vers le royaume spirituel.

L'univers est immensément grand et peut-être même infini dans son volume. La région visible de la Terre (l'univers observable) est une sphère d'un rayon d'environ 46 milliards d'années-lumière. Si le royaume spirituel existe au bout de l'univers physique, même les engins spatiaux les plus rapides prendraient virtuellement un laps de temps infini pour y arriver. Dans un tel cas de figure, pouvez-vous imaginer la distance que les anges devraient parcourir pour se déplacer du royaume spirituel au royaume physique ? Cependant, grâce à ces points d'accès vers le royaume spirituel qui peuvent être ouverts et fermés, il est possible de voyager entre le royaume spirituel et le monde physique aussi facilement que de passer par une simple porte.

Dieu a créé quatre cieux

Après avoir séparé l'univers en royaumes spirituels et physiques, Dieu les a séparés en encore davantage de cieux selon ce qui était nécessaire. La Bible explique qu'il n'y a pas juste un Ciel, mais des Cieux. En fait, elle nous dit qu'il existe beaucoup d'autres cieux que celui que nous voyons de nos yeux physiques.

En Deutéronome 10:14 il est écrit : « Voici, à l'Eternel, ton Dieu, appartiennent les cieux et les cieux des cieux, la terre et tout ce qu'elle renferme. » Et, le Psaume 68:33 nous dit : « Chantez celui qui s'avance dans les cieux, les cieux antiques! Voici, il fait entendre sa voix, sa voix puissante. » Par ailleurs, le roi Salomon affirme en 1 Rois 8:27 : « Mais quoi! Dieu habiterait-il véritablement sur la terre? Voici, les cieux et les cieux des cieux ne peuvent te contenir: combien moins cette maison que je t'ai bâtie ! »

Dieu a utilisé le terme « cieux » pour traiter du royaume spirituel, de sorte que nous puissions plus facilement comprendre les espaces qui appartiennent au royaume spirituel. Les « cieux » étaient généralement divisés en quatre. Tout l'espace physique, y compris notre Terre, notre système solaire, notre galaxie, et tout l'univers est identifié comme étant le premier ciel.

Á partir du second ciel se trouvent les espaces spirituels. Le Jardin d'Éden et l'espace réservés aux esprits méchants se situent dans le deuxième ciel. Après avoir créé les êtres humains, Dieu a également créé le Jardin d'Éden, qui est la zone de lumière du deuxième ciel. Dieu a placé l'homme dans le Jardin et lui a donné le pouvoir de soumettre et de régner sur tout (Genèse 2:15).

Le trône de Dieu si situe dans le troisième ciel. Il s'agit du royaume des cieux, où les enfants de Dieu demeureront lorsqu'ils recevront le salut par la culture humaine.

Le quatrième ciel est le ciel original où Dieu demeurait seul comme la Lumière avant qu'il ne sépare l'espace. Il s'agit d'un espace mystérieux où tout s'accomplit comme Dieu le souhaite peu importe ce dont il agit. Il s'agit également d'un lieu sans aucune limite de temps et d'espace.

2. Espace physique et espace spirituel

Quelle est la raison pour laquelle tant d'érudits bibliques ont essayé de trouver le Jardin d'Éden mais sans aucun succès ? Cela est dû au fait que le Jardin d'Éden se trouve dans le deuxième ciel, qui est un royaume spirituel.

L'espace que Dieu a séparé peut être divisé en un espace physique et un espace spirituel. Pour les enfants qu'il obtiendrait de la culture humaine, Dieu a créé le royaume des cieux dans le troisième ciel, et il a placé la terre dans le premier ciel pour être le lieu de la culture humaine.

Genèse 1 explique brièvement le processus des 6 jours de la création de Dieu. Dieu n'a pas fait une Terre complète et parfaite dès le début. Il a d'abord posé la fondation du sol puis du ciel grâce aux mouvements de la croute terrestre et aux nombreux phénomènes météorologiques. Dieu a déployé beaucoup d'effort durant un longue période de temps, peut-être même est-Il venu sur terre en personne pour constater l'évolution des choses, car la terre était le terrain de culture par lequel Il allait acquérir Ses véritables enfants bien-aimés.

Les fœtus grandissent en toute sécurité dans l'eau amniotique de l'utérus. De la même façon, après que la Terre ait été formée et que les fondations en aient été posées, la Terre entière était couverte d'une énorme quantité d'eau, et cette eau était l'eau de la vie qui trouve son origine dans le troisième ciel. La Terre a finalement été prête à être le terrain de culture de toutes les espèces vivantes après avoir été couverte par l'eau de la vie. Ensuite, Dieu a commencé la création.

L'espace physique, terrain de culture humaine

Lorsque Dieu a dit « Que la lumière soit » le premier jour de la création, la lumière spirituelle a jailli du trône de Dieu et a couvert la Terre. Grâce à cette lumière, la puissance éternelle et la nature divine de Dieu ont été intégrées à toutes les choses et toutes les choses se sont trouvées régies par les lois de la nature (Romains 1:20).

Dieu a séparé la lumière des ténèbres et a appelé la lumière «

jour » et les ténèbres « nuit ». Dieu a établi la loi concernant le jour, la nuit et le passage du temps même avant d'avoir créé le soleil et la lune.

Le deuxième jour, Dieu a fait l'étendue et a séparé les eaux qui couvraient la Terre, et qui sont sous l'étendue, des eaux qui étaient au-dessus de l'étendue. Dieu a appelé cette étendue ciel et il s'agit du ciel visible à nos yeux. L'environnement de base qui pourrait supporter toutes les choses vivantes était désormais en place. L'air a été fait pour que les espèces vivantes puissent respirer, les nuages et le ciel ont été créés pour que les phénomènes météorologiques puissent avoir lieu.

Les eaux qui sont sous l'étendue sont les eaux qui restent à la surface de la Terre. Il s'agit de la source d'eau qui allait former les océans, les mers, les lacs et les rivières (Genèse 1:9-10).

Les eaux au-dessus de l'étendue étaient réservées pour Éden dans le deuxième ciel. Le troisième jour, Dieu a fait que les eaux qui se trouvent en-dessous de l'étendue se rassemblent en un seul endroit afin de séparer la mer de la terre. Il a également créé l'herbe et les légumes.

Le quatrième jour, Dieu a créé le soleil, la lune et les étoiles pour gouverner sur le jour et la nuit. Le cinquième jour, Dieu a créé les poissons et les oiseaux. Enfin, le sixième jour, Dieu a créé tous les animaux et les hommes.

Espace spirituel invisible

Le Jardin d'Éden se trouve dans le royaume spirituel du deuxième ciel, ce qui est différent du royaume spirituel du troisième ciel. Il ne s'agit pas d'un royaume entièrement spirituel puisqu'il peut coexister avec la dimension physique. Pour faire simple, il s'agit d'un niveau intermédiaire entre la chair et l'esprit. Après que Dieu ait créé l'homme comme esprit vivant, Il a planté le Jardin vers l'est, en Éden, et Il a placé l'homme dans le Jardin (Genèse 2:8).

Ici, le terme « est » ne fait pas référence au point cardinal physique. Il prend ici la signification spéciale de « lieu entouré de lumières ». Jusqu'à aujourd'hui, bon nombre de biblicistes ont pensé que le Jardin d'Éden se trouvait quelque part entre les rivières Euphrate et Tigre, et bien qu'ils aient mené de vastes recherches et aient conduit beaucoup d'études archéologiques, ils n'ont jamais été capables de trouver la moindre trace du Jardin. Cela est dû au fait que le Jardin, où « l'esprit vivant » Adam vivait jadis, se trouve dans le deuxième ciel, qui est un royaume spirituel.

Le Jardin d'Éden est un espace si vaste qu'il dépasse notre imagination. Les enfants qu'Adam a eu avant de péché vivent toujours là-bas et continuent de donner naissance à des enfants. Le Jardin d'Éden n'est pas limité dans l'espace et il ne peut donc jamais devenir encombré, même au fil du temps.

Cependant, en Genèse 3:24, nous pouvons lire que Dieu a placé des chérubins et l'épée flamboyante qui est agitée à l'est du Jardin d'Éden.

Cela est dû au fait que l'est du Jardin est adjacent à la zone de ténèbres. Les esprits mauvais ont toujours voulu pénétrer dans le Jardin, et ce pour plusieurs raisons. Tout d'abord, ils ont voulu tenter Adam et, deuxièmement, ils ont voulu manger du fruit de l'arbre de la vie. Ils ont voulu avoir la vie éternelle en mangeant du fruit pour s'opposer à Dieu à jamais. Adam avait le devoir de protéger le Jardin d'Éden des forces des ténèbres. Cependant, étant donné qu'Adam a été trompé par Satan et a mangé du fruit de l'arbre de la connaissance du bien et du mal, il a été chassé vers cette Terre, et les chérubins et l'épée flamboyante ont continué de remplir son rôle.

Nous pouvons en déduire que la zone de lumière dans laquelle se trouve le Jardin d'Éden et la zone de ténèbres des esprits mauvais coexistent dans le deuxième ciel. De plus, dans la zone de lumière du deuxième ciel se trouve un lieu où les croyants participeront au Banquet des Noces de Sept Ans avec le Seigneur après Sa Deuxième Venue. Il est bien plus beau que le Jardin d'Éden. Tous ceux qui ont été sauvés depuis la création du monde y participeront, et on peut imaginer à quel point cette zone sera vaste.

Il y a également un troisième et un quatrième ciel dans le royaume spirituel, et nous en donnerons davantage de détails dans le second volume de L'esprit, l'âme et le corps. La raison pour laquelle Dieu a séparé l'espace physique de l'espace spirituel et les a catégorisés en des espaces différents est dans notre intérêt à nous, les êtres humains. Dieu a agi comme cela en prévision de la culture humaine afin d'acquérir des véritables enfants. Alors, qu'est-ce que l'Homme et de quoi est-il fait ?

3. Les êtres humains avec un esprit, une âme et un corps

L'histoire de l'humanité telle que rapportée dans la Bible commence au temps où Adam est chassé vers cette Terre à cause de son péché. Cette histoire n'inclut pas l'époque durant laquelle Adam vivait dans le Jardin d'Éden.

1) Adam, un esprit vivant

Comprendre le premier homme, Adam, nous permet de commencer de comprendre les fondements de l'être humain. Dieu a créé Adam comme un esprit vivant pour la culture humaine. Genèse 2:7 nous explique la création d'Adam : « L'Eternel Dieu forma l'homme de la poussière de la terre, il souffla dans ses narines un souffle de vie et l'homme devint une âme vivante. »

Le matériau à partir duquel Dieu a formé Adam était la poussière du sol. Cela est dû au fait que les hommes devraient passer par la culture humaine sur cette terre (Genèse 3:23).

Cela est également dû au fait que la terre, qui est la poussière du sol, change dans son caractère selon les éléments qui y sont ajoutés.

Dieu ne s'est pas contenté de faire la forme de l'homme à partir de la poussière du sol, mais également ses organes internes, ses os, ses veines et ses nerfs. Un excellent potier ferait une très belle pièce de porcelaine à partir d'une poignée d'argile. Comme Dieu a formé l'homme à sa propre image, celui-ci devait être vraiment beau !

Adam a été fait avec une peau propre et blanche comme le lait. Il était robuste et son corps était parfait de la tête aux pieds, tout comme tous ses organes et chacune des cellules de son corps. Il était beau. Lorsque Dieu a soufflé la vie dans cet Adam, celui-ci est devenu un être vivant, c'est-à-dire un esprit vivant. Ce processus ressemble à celui d'une ampoule électrique magnifiquement assemblée mais qui ne peut briller de par elle-même. Elle ne peut briller que si elle reçoit de l'électricité. Le cœur d'Adam n'a commencé à battre, son sang à circuler et tous ses organes et cellules à fonctionner qu'après qu'il ait reçu le souffle de vie de Dieu. Son cerveau ne s'est mis à fonctionner, ses yeux à voir, ses oreilles à entendre et son corps à bouger comme il le voulait qu'après qu'il ait reçu le souffle de vie.

Le souffle de vie est le cristal de la puissance de Dieu. On peut également l'appeler l'énergie de Dieu. Il s'agit essentiellement de la source d'alimentation pour donner la vie. Après avoir soufflé en Adam du souffle de vie, Adam a eu une forme d'esprit qui ressemblait exactement à son corps. Tout comme Adam était formé de son corps physique, son esprit ressemblait exactement à son corps. Plus de détails sur la forme de l'esprit seront donnés dans le deuxième volume de cet ouvrage.

Le corps d'Adam, qui était maintenant un esprit vivant, consistait en un corps impérissable de chair et d'os. Le corps contenait le corps qui communiquait avec Dieu, ainsi qu'une âme qui allait assister l'esprit. L'âme et le corps obéissaient à l'esprit et c'est ainsi qu'Adam gardait la Parole de Dieu et communiquait avec Dieu, qui est esprit.

Toutefois, lorsqu'Adam a été créé, il avait le corps d'un adulte, mais aucune connaissance. Toute comme un bébé ne peut développer son propre caractère et jouer un rôle dans la société qu'au travers de l'éducation, Adam avait également besoin de connaissances adéquates. Ainsi donc, après l'avoir conduit dans le Jardin d'Éden, Dieu a enseigné à Adam la connaissance de la vérité et de l'esprit. Dieu lui a enseigné l'harmonie de toutes les choses de l'univers, les lois du royaume spirituel, la Parole de la vérité et la connaissance illimitée de Dieu. C'est pourquoi Adam pouvait dominer la terre et régner sur tout.

Vivre pour un laps incalculable de temps

Adam, l'esprit vivant, a régné sur le Jardin d'Éden et la Terre comme le seigneur de toutes les créatures, ayant la connaissance et la sagesse d'esprit. Dieu a pensé qu'il n'était pas bon pour lui d'être seul et Il a donc créé une femme, Ève, à partir de l'une des côtes de l'homme. Dieu l'a faite pour être une aide adéquate pour lui et leur permettre de devenir un seul corps. La question est donc de savoir combien de temps ils ont vécu dans le Jardin d'Éden ?

La Bible ne donne pas de chiffre spécifique, mais ils y ont vécu pour un laps de temps inimaginable. Nous trouvons en

Genèse 3:16 les informations qui suivent : « Il dit à la femme: J'augmenterai la souffrance de tes grossesses, tu enfanteras avec douleur, et tes désirs se porteront vers ton mari, mais il dominera sur toi. »

En conséquence du péché qu'elle a commis, Ève a reçu une malédiction qui incluait l'augmentation considérable des douleurs de l'enfantement. Autrement dit, avant cette malédiction, elle avait déjà donné naissance à des enfants dans le Jardin d'Éden, mais avec des douleurs minimales. Adam et Ève étaient des esprits qui n'auraient pas vieilli. Ainsi, ils ont vécu pendant longtemps, et se sont multipliés pendant très longtemps.

Beaucoup sont ceux qui pensent qu'Adam a mangé de l'arbre de la connaissance du bien et mal peu de temps après avoir été créé. Certains se posent même le genre de questions suivantes : « Étant donné que l'histoire de l'humanité telle que rapportée par la Bible n'a que 6000 ans, comment se fait-il que nous trouvions des fossiles qui ont plusieurs centaines de milliers d'années ? »

L'histoire de l'humanité telle que rapportée dans la Bible a commencé lorsqu'Adam a été chassé vers cette terre parce qu'il avait péché. Cette historie n'inclut pas la période de temps durant laquelle il a vécu dans le Jardin d'Éden. Lorsqu'Adam habitait dans le Jardin d'Éden, la Terre traversait toutes sortes de choses, telles que des mouvements crustaux et les changements géographiques associés, ainsi que le développement et l'extinction de diverses espèces vivantes. Certaines de ces espèces sont devenues des fossiles. C'est pour cela que nous pouvons retrouver des fossiles qui ont plusieurs millions d'années.

2) Adam a péché

Lorsque Dieu a placé Adam dans le Jardin d'Éden, Il lui a interdit une chose. Il a dit à Adam de ne pas manger de l'arbre de la connaissance du bien et du mal. Cependant, après un long moment, Adam et Ève ont finalement mangé de l'arbre. Ils ont été chassés du Jardin d'Éden vers la Terre, et c'est à ce moment que la culture humaine a commencé.

Comment se fait-il qu'Adam ait péché ? Il y avait un être qui voulait l'autorité qu'Adam avait reçue de Dieu. Il s'agit de Lucifer, chef de tous les esprits mauvais. Lucifer a pensé devoir obtenir l'autorité d'Adam pour s'opposer à Dieu et gagner la bataille. Elle a utilisé un plan élaboré et a utilisé un serpent, animal rusé.

Il est dit en Genèse 3:1 : « Le serpent était le plus rusé de tous les animaux des champs, que l'Eternel Dieu avait faits. » Le serpent a été fait d'une argile qui avait en elle les attributs de la nature rusée.

C'est pourquoi il était plus probable qu'il accepte la méchanceté de la ruse que les autres animaux. Ces attributs ont été incités par des esprits mauvais et le serpent est devenu leur instrument pour tenter l'être humain.

Les esprits méchants tentent toujours les humains

En ce temps-là, Adam avait une autorité telle qu'il régnait

aussi bien sur le Jardin d'Éden que sur la Terre, et il n'était donc pas facile pour le serpent de tenter Adam directement. C'est pourquoi il a choisi de d'abord tenter Ève. Le serpent lui a demandé avec ruse : « Dieu a-t-il réellement dit: Vous ne mangerez pas de tous les arbres du jardin? » (v. 1) Dieu n'avait jamais rien ordonné à Ève. Ce commandement avait été donné à Adam. Cependant, le serpent demandait à Ève si Dieu lui avait donné cet ordre de façon directe. Il est dit qu'Ève a répondu : « Nous mangeons du fruit des arbres du jardin. Mais quant au fruit de l'arbre qui est au milieu du jardin, Dieu a dit: Vous n'en mangerez point et vous n'y toucherez point, de peur que vous ne mouriez » (Genèse 3:2-3).

Dieu a déclaré : « ... car le jour où tu en mangeras, tu mourras certainement » (Genèse 2:17). Mais Ève a répondu : « de peur que vous ne mouriez. » On pourrait penser qu'il ne s'agit que d'une différence subtile, mais cela prouve qu'elle n'a pas gardé la Parole de Dieu correctement dans son esprit. Il s'agit de plus d'une expression qui montre qu'elle ne croyait pas à fond à la Parole de Dieu. Lorsque le serpent a remarqué qu'Ève avait modifié la Parole de Dieu, il s'est mis à la tenter de façon plus agressive.

Genèse 3:4-5 nous dit : « Alors le serpent dit à la femme: Vous ne mourrez point ; mais Dieu sait que, le jour où vous en mangerez, vos yeux s'ouvriront, et que vous serez comme Dieu, connaissant le bien et le mal. »

Au fur et à mesure que Satan incitait le serpent à créer ce désir dans l'esprit d'Ève, l'arbre de la connaissance du bien et du mal a commencé à lui sembler différent, et il est écrit : « La femme vit que l'arbre était bon à manger et agréable à la vue, et qu'il était précieux pour ouvrir l'intelligence » (verset 6).

Ève n'avait pas l'intention de s'opposer à la Parole de Dieu, mais lorsque le désir est né en elle, elle a fini par manger de l'arbre. Elle en a ensuite donné à son mari, Adam, qui en a mangé également.

Les excuses d'Adam et Ève

Dans Genèse 3:11, Dieu a demandé à Adam : « Est-ce que tu as mangé de l'arbre dont je t'avais défendu de manger ? »

Dieu connaissait toutes choses, mais il voulait qu'Adam reconnaisse sa faute et se repente. Mais Adam a répondu : « La femme que tu as mise auprès de moi m'a donné de l'arbre, et j'en ai mangé » (verset 12). Adam implique ici que si Dieu ne lui avait pas donné la femme, il n'aurait jamais commis un tel péché. Au lieu de reconnaitre son erreur, il ne cherchait qu'à échapper aux conséquences de la situation. Bien sûr que c'est Ève qui a donné le fruit à Adam pour qu'il le mange. Cependant, Adam était la tête de la femme et aurait dû donc prendre la responsabilité de ce qui venait de se passer

Dieu a alors demandé à la femme en Genèse 3:13 : « Pourquoi as-tu fait cela ? » Même si Adam aurait dû prendre la responsabilité, Ève ne pouvait pas rester impunie face au péché qu'elle avait commis. Toutefois, elle a également rejeté la faute, sur le serpent cette fois, en déclarant : « Le serpent m'a séduite, et j'en ai mangé. » Qu'est-il arrivé à Adam et Ève qui avaient commis ces péchés ?

L'esprit d'Adam est mort

Genèse 2:17 nous dit : « ...mais tu ne mangeras pas de l'arbre de la connaissance du bien et du mal, car le jour où tu en mangeras, tu mourras » (LSG).

Ici, la « mort » que Dieu mentionne n'est pas la mort physique, mais la mort spirituelle. La mort de l'esprit ne signifie pas que, d'une manière ou d'une autre, l'esprit disparait complètement. Cela signifie que la communication avec Dieu est coupée et ne peut plus être rétablie. L'esprit existe toujours, mais il ne peut désormais plus recevoir les choses spirituelles qui viennent de Dieu La situation n'était pas différente de la mort.

Comme les esprits d'Adam et d'Ève sont morts, Dieu ne pouvait leur permettre de rester dans le Jardin d'Éden, qui se trouvait dans le royaume spirituel. Genèse 3:22-23 affirme : « L'Éternel Dieu dit: Voici, l'homme est devenu comme l'un de nous, pour la connaissance du bien et du mal. Empêchons-le maintenant d'avancer sa main, de prendre de l'arbre de vie, d'en manger, et de vivre éternellement. Et l'Éternel Dieu le chassa du jardin d'Éden, pour qu'il cultive la terre, d'où il avait été pris. »

Lorsque Dieu dit « l'homme est devenu comme l'un de nous », cela ne signifie pas qu'Adam est en fait devenu comme Dieu. Cela signifie, par contre, qu'Adam ne connaissait auparavant que la vérité mai que, tout comme Dieu qui connait aussi l'erreur, Adam a, à partir de ce moment, connu également l'erreur. En conséquence de cela, Adam, qui avait été un esprit vivant, est redevenu chair. Il devait faire face à la mort. Il a dû revenir vers cette terre où il avait été créé par Dieu. Un homme de chair ne peut vivre dans un lieu spirituel. Par ailleurs, si Adam mangeait de l'arbre de la vie, il vivrait pour toujours. Dieu ne pouvait dès lors plus le laisser demeurer dans ce Jardin d'Éden.

3) Le retour à l'espace physique

Après qu'Adam ait désobéi à Dieu et ait mangé de l'arbre de la connaissance du bien et du mal, tout a changé. Il a été chassé vers la Terre, un espace physique, où il ne pourrait récolter une moisson que par un labeur pénible et à la sueur de son front. Tout était alors maudit, et les bons environnements du temps de la création de Dieu n'existaient plus.

Genèse 3:17 nous dit : « Il dit à l'homme: Puisque tu as écouté la voix de ta femme, et que tu as mangé de l'arbre au sujet duquel je t'avais donné cet ordre: Tu n'en mangeras point! le sol sera maudit à cause de toi. C'est à force de peine que tu en tireras ta nourriture tous les jours de ta vie. »

De ce verset, nous pouvons voir qu'à cause du péché d'Adam, ce n'est pas qu'Adam lui-même, mais tout sur cette terre, soit tout le premier ciel, qui a été maudit. Toutes les choses de cette terre étaient belles et harmonieuses, mais une autre réalité physique a alors été créée. En raison de la malédiction, des germes et des virus sont apparus, et les animaux et les plantes ont également commencé à changer.

En Genèse 3:18, Dieu continue en disant à Adam : « il te produira des épines et des ronces, et tu mangeras de l'herbe des champs. » Les récoltes ne peuvent pas bien grandir à cause des épines et à cause des chardons, donc Adam ne pouvait manger la moisson de la terre que suite à un travail pénible. Comme le sol était maudit, des arbres et des plantes inutiles se sont mis à pousser. Des insectes nuisibles sont également apparus. Il fallait désormais se débarrasser de ces choses néfastes pour pouvoir cultiver la terre et en faire une bonne terre.

La nécessité de cultiver le cœur

Tout comme Adam devait cultiver la terre, une situation similaire a existé pour l'être humain qui a dû désormais passer par la culture humaine sur cette terre. Avant d'avoir péché, l'être humain avait un cœur pur et irréprochable qui ne possédait que la connaissance de l'esprit. Genèse 3:23 dit : « Et l'Eternel Dieu le chassa du jardin d'Éden, pour qu'il cultive la terre, d'où il avait été pris. » Ce verset parle Adam, qui avait été formé à partir de la poussière, au sol d'où il avait été pris. Cela signifie qu'il devait désormais cultiver son cœur.

Avant d'avoir péché, il n'avait pas besoin de cultiver son cœur, car il n'y avait aucun mal en lui.

Mais après la désobéissance de l'homme, l'ennemi le diable et Satan commencé à le contrôler. Ils ont planté de plus en plus de choses charnelles dans son cœur. Ils ont planté de la haine, de la colère, de l'arrogance, de l'adultère, etc. Toutes ces choses se sont mises à grandir avec des ronces et des épines dans le cœur. La race humaine est devenue de plus en plus entachée par la chair.

En effet, « cultiver la terre d'où nous avons été pris »

implique que nous devions accepter Jésus-Christ et utiliser la Parole de Dieu pour nous débarrasser de la chair plantée dans nos cœurs, et nous devons retrouver notre état spirituel. Sinon, nous possédons un « esprit mort » et nous ne pouvons pas apprécier la vie éternelle avec un esprit mort. La raison pour laquelle les hommes sont cultivés sur cette terre est que nous devons cultiver notre cœur charnel afin de retrouver un cœur pur et spirituel. Ce cœur est le même que celui qu'Adam avait avant sa chute.

Être chassé du Jardin d'Éden et vivre sur cette terre a été un changement vraiment radical pour Adam. Il s'agit d'une souffrance et d'une confusion plus grande que si le prince d'une grande nation devenait tout à coup un paysan. Ève devait maintenant souffrir d'une douleur d'enfantement beaucoup plus grande.

Lorsqu'ils vivaient dans le Jardin d'Éden, il n'y avait pas de mort. Cependant, ils devaient désormais faire face à la mort dans ce monde physique qui périt et se désintègre. Genèse 3:19 déclare : « C'est à la sueur de ton visage que tu mangeras du pain, jusqu'à ce que tu retournes dans la terre, d'où tu as été pris; car tu es poussière, et tu retourneras dans la poussière. » Comme cela est écrit, ils devaient désormais mourir.

Bien sûr, l'esprit d'Adam venait de Dieu et il ne pouvait donc complètement s'éteindre En Genèse 2:7, il est écrit : « L'Eternel Dieu forma l'homme de la poussière de la terre, il souffla dans ses narines un souffle de vie et l'homme devint une âme vivante. » Le souffle de vie possède le caractère éternel de Dieu.

Mais l'esprit d'Adam n'était plus actif. L'âme a donc repris la fonction de maître de l'homme et a également gagné sur le corps. Dès ce moment-là, Adam a commencé à vieillir et a dû finalement faire face à la mort, selon l'ordre du monde physique. Il a dû retourner à la terre.

En ce temps-là, bien que la Terre ait été maudite, le péché et le mal ne dominaient pas comme aujourd'hui, et Adam a pu donc vivre jusqu'à l'âge de 930 ans (Genèse 5:5).

Mais, avec le temps, les gens sont devenus de plus en plus méchants. En conséquence, leur espérance de vie s'est également raccourcie. Après être venus sur cette Terre depuis le Jardin d'Éden, Adam et Ève ont dû s'adapter au nouvel environnement. Par-dessus tout, ils ont dû vivre comme des hommes de chair, et non plus comme des esprits vivants. Ils se fatiguaient en travaillant, et devaient se reposer. Ils attrapaient des maladies et étaient malades. Leurs systèmes digestifs changeaient selon leur régime. Ils produisaient des selles après avoir mangé. Tout a changé. La désobéissance d'Adam n'était absolument pas une chose insignifiante. Elle a entraîné le péché pour toute la race humaine. Adam et Ève et tous leurs descendants sur cette terre ont commencé leur vie physique avec des esprits morts.

Chapitre 3
Les êtres humains dans l'espace physique

La chair est la nature qui est mélangée au péché, les hommes sont donc capables de commettre des péchés dans l'espace physique.
Toutefois, au plus profond de l'être humain se trouve la semence de vie donnée par Dieu.
Grâce à cette semence de vie, la culture humaine reste possible.

1. La semence de vie

2. Comment l'Homme vient à exister

3. La conscience

4. Les œuvres de la chair

5. La culture

Adam et Ève ont mis au monde beaucoup d'enfants sur cette terre. Bien que leurs esprits soient morts, Dieu ne les a pas abandonnés. Il leur a appris les choses qui étaient nécessaires pour leurs vies terrestres. Adam a enseigné cette vérité à ces enfants, de sorte que Caïn et Abel savaient tous deux fort bien comment ils devaient offrir des sacrifices à Dieu.

Avec le temps, Caïn a décidé d'offrir une offrande de fruits de la terre à Dieu, mais Abel a offert à Dieu le sacrifice du sang que Dieu désirait. Quand Dieu n'a accepté que le sacrifice d'Abel, au lieu de comprendre son erreur et de se repentir, Caïn est devenu jaloux d'Abel et a même fini par le tuer.

Au fil du temps, le péché est devenu de plus en plus courant jusqu'au temps de Noé où la terre était tellement remplie de violence que Dieu a finalement puni le monde entier par l'eau. Cependant, Dieu a permis à Noé et à ses trois fils de commencer une toute nouvelle race. Qu'est-il donc arrivé à la race humaine qui est venue vivre sur cette terre ?

1. La semence de vie

Après qu'Adam ait péché, sa communication avec Dieu a été coupée. Son énergie spirituelle l'a quitté et l'énergie charnelle est entrée en lui et a étouffé la semence de vie qui était en lui.

Dieu a créé Adam à partir de la poussière du sol. En Hébreux, « Adamah » signifie sol ou terre. Dieu a fait la forme de l'homme avec de l'argile et a soufflé dans ses narines le souffle de vie. Dans le livre d'Esaïe, il est également affirmé que l'homme a été fait d'argile.

Il y est écrit en Esaïe 64:7 : « Cependant, ô Eternel, tu es notre père; nous sommes l'argile, et c'est toi qui nous as formés, nous sommes tous l'ouvrage de tes mains. »

Peu après avoir commencé cette église, Dieu m'a donné une vision de Lui-même en train de façonner Adam avec de l'argile. Le matériau que Dieu a utilisé est de la terre mélangée à de l'eau, soit de l'argile. Ici, l'eau fait référence à la Parole de Dieu (Jean 4:14). Alors que la terre mélangée à l'eau, ainsi que le souffle de vie, pénétrait en l'homme, le sang, qui est la vie, a commencé à circuler et l'homme est devenu un être vivant (Lévitique 17:14).

Le souffle de vie a en lui la puissance de Dieu. Puisqu'il vient de Dieu, il ne peut jamais être éteint. La Bible ne nous dit pas seulement qu'Adam est devenu un homme. Elle nous dit qu'il est devenu un être vivant. Cela revient à dire qu'il était un esprit vivant. Il aurait pu vivre éternellement avec ce souffle de vie, quoiqu'il ait été fait à partir de la poussière du sol. Ceci nous permet de comprendre le sens de Jean 10:34-35, qui nous dit : « Jésus leur répondit: N'est-il pas écrit dans votre loi: J'ai dit: Vous êtes des dieux? Si elle a appelé dieux ceux à qui la parole de Dieu a été adressée, et si l'Ecriture ne peut être anéantie... »

Tel qu'il avait été créé, l'homme aurait pu vivre éternellement sans jamais connaitre la mort physique. Bien que l'esprit d'Adam soit mort en raison de sa désobéissance, dans le plus profond de son être se trouve la semence de vie donnée par Dieu. Cette semence est éternelle et grâce à elle n'importe qui peut être né de nouveau et devenir un enfant de Dieu.

La semence de vie donnée à chacun

Lorsque Dieu a créé Adam, il a planté la semence impérissable de vie en lui. Cette semence de vie est la semence d'origine que Dieu a plantée dans l'esprit d'Adam, qui est la partie la plus profonde de son esprit. Il s'agit de l'origine de l'esprit, la source de la puissance pour contempler Dieu et faire son devoir d'être humain.

Durant le sixième mois de grossesse, Dieu donne à l'embryon un esprit qui lui est propre ainsi que la semence de vie. Dans cette semence de vie se trouvent le cœur et la puissance de Dieu, de sorte que les hommes puissent communiquer avec Dieu. La plupart des gens qui ne reconnaissent pas l'existence de Dieu ressentent quand même soit de la crainte, soit de l'appréhension par rapport à la vie après la mort, et ils ne peuvent complètement rejeter Dieu du plus profond de leur cœur, car ils ont la semence de vie au plus profond d'eux-mêmes.

Les pyramides et d'autres vestiges renferment les conceptions humaines par rapport à la vie éternelle, ainsi que les espoirs des hommes par rapport à un lieu de repos éternel. Même les plus courageux des hommes craignent la mort car la semence de vie en eux reconnait qu'il y a une autre vie à venir.

Tout le monde possède la semence de vie donnée par Dieu et chacun se sent naturellement poussé à se poser la question de l'existence de Dieu (Ecclésiaste 3:11). La semence de vie agit comme le cœur de l'homme et est donc directement liée à la vie spirituelle. Le sang circule pour apporter l'oxygène et les nutriments au corps grâce à l'action du cœur. De même, si la semence de vie est activée chez un être humain, son esprit sera également stimulé et pourra communiquer avec Dieu. Au contraire, si son esprit est mort, la semence de vie n'est pas active et il ne peut communiquer directement avec Dieu.

La semence de vie est au cœur de l'esprit

Adam a été rempli de la connaissance de la vérité enseignée par Dieu. La semence de vie en lui était complètement active. Il était rempli d'énergie spirituelle. Il est devenu si sage qu'il pouvait nommer toutes les choses vivantes et vivre comme seigneur de toutes créatures, dominant sur chacune d'entre elles. Cependant, après qu'Adam ait péché, sa communication avec Dieu a été coupée. Son énergie spirituelle a commencé à s'échapper de lui et elle a été remplacée par une énergie charnelle dans son cœur. Cette énergie charnelle a recouvert la semence de vie. Dès ce moment-là, la semence de vie a graduellement perdu de sa lumière jusqu'à finalement devenir complètement inactive.

Tout comme la vie d'un homme se termine lorsque son cœur s'arrête de battre, l'esprit d'Adam est également mort lorsque la semence de vie est devenue inactive. Le fait que son esprit soit mort signifie que la semence de vie a complètement cessé de fonctionner, c'est donc comme si la semence était morte. C'est pourquoi, tous ceux qui vivent dans cet espace physique naissent avec une semence de vie complètement inactive.

Depuis la chute d'Adam, les hommes n'ont pas pu éviter la mort. Pour pouvoir retrouver à nouveau la vie éternelle, ils devaient résoudre le problème du péché avec l'aide de Dieu qui est Lumière. En fait, ils doivent accepter Jésus-Christ et recevoir le pardon des péchés. Afin de raviver nos esprits, Jésus est mort sur la croix et a pris sur lui les péchés de toute l'humanité. Il est devenu le chemin, la vérité et la vie, par lui tous les hommes peuvent à nouveau avoir accès à la vie éternelle. Quand nous acceptons Jésus comme notre Sauveur personnel, nous pouvons être pardonnés de nos péchés et devenir des enfants de Dieu en recevant le Saint-Esprit.

L'Esprit Saint active la semence de vie en nous. Il s'agit de la résurrection de notre esprit mort. Dès ce moment, la semence de vie qui avait perdu sa lumière commence à briller à nouveau. Bien sûr, elle ne peut pas briller de toute sa splendeur comme cela était le cas du temps d'Adam, mais l'intensité de la lumière devient de plus en plus forte au fur et à mesure que la mesure de foi d'une personne augmente et que son esprit grandit et gagne en maturité.

Plus la semence de vie est remplie du Saint-Esprit, plus la lumière qui émanera d'elle sera forte, et plus la lumière du corps spirituel sera intense. Dans la mesure où une personne se laisse être remplie de la connaissance de la vérité, elle peut retrouver l'image perdue de Dieu et devenir à nouveau un véritable enfant de Dieu.

La semence physique de vie

En plus de la semence spirituelle de vie qui est comme le noyau de l'esprit, il y aussi une semence physique de vie. Ceci fait référence aux spermatozoïdes et à l'ovule. Dieu a fait le projet de la culture humaine afin de gagner de vrais enfants avec lesquels Il pourrait partager un amour véritable. Et pour mener ce projet à bien, Il leur a donné la semence de vie afin que les êtres humains puissent multiplier et remplir la terre. L'espace spirituel où Dieu demeure n'a aucune limite et serait très solitaire et désert sans personne dans les environs. Dieu a donc créé Adam comme un esprit vivant et lui a permis de se multiplier génération après génération de sorte que Dieu puisse avoir beaucoup d'enfants.

Le type d'enfants que Dieu veut sont des personnes dont

l'esprit mort est ranimé, qui sont capables de communiquer avec Dieu et de partager une relation d'amour pour toujours avec Lui dans le royaume céleste. Pour obtenir de tels vrais enfants, Dieu donne à chacun cette semence de vie et Il dirige la culture humaine depuis le temps d'Adam. David a compris cet amour et ce projet de Dieu et s'est exclamé : « Je te loue de ce que je suis une créature si merveilleuse. Tes œuvres sont admirables, et mon âme le reconnaît bien » (Psaume 139:14).

2. Comment l'Homme vient à exister

Un être humain ne peut être cloné à partir d'un autre être humain. Même si l'on arrivait à reproduire l'apparence extérieure de l'être humain, il ne s'agirait pas d'un être humain car il n'aurait pas d'esprit. L'être cloné ne serait pas différent d'un animal.

Une nouvelle vie commence lorsque le sperme d'un homme s'unit à l'ovule d'une femme. Pour développer complètement sa forme humaine, le fœtus reste dans l'utérus pendant neuf mois. Nous pouvons ressentir la puissance mystérieuse de Dieu lorsque nous considérons le processus de croissance depuis la conception jusqu'à la naissance.

Durant le premier mois, le système nerveux commence à se développer. Un travail de base est accompli de sorte que le sang, les os, les muscles, les veines et les organes internes puissent être formés. Durant le deuxième mois, le cœur commence à battre et l'embryon commence à prendre l'apparence extérieure rudimentaire de l'être humain. Dès ce moment-là, il est possible de reconnaitre la tête et les membres. Durant le troisième mois, le visage se forme. L'embryon peut bouger sa tête, son corps et ses membres et les organes génitaux se développent également.

Dès le quatrième mois, le placenta est terminé, de sorte que la provision en nutriments s'accroit et que la taille et le poids du fœtus augmentent rapidement. Tous les organes vitaux fonctionnent normalement. Les muscles se développent à partir du cinquième mois, et c'est également à ce moment que se développe l'ouïe et le fœtus peut désormais entendre des sons. Durant le sixième mois, les organes digestifs se développent de sorte que la croissance devient encore plus rapide. Durant le septième mois, les cheveux commencent à pousser et, grâce au développement des poumons, le fœtus commence à respirer.

Les organes génitaux et le sens de l'ouïe sont entièrement développés dès le huitième mois. Il se peut même que le fœtus réagisse à des sons extérieurs. Au cours du neuvième mois, les cheveux deviennent plus épais, les poils fins qui couvraient le corps disparaissent et les membres deviennent plus potelés. Á la fin du terme de neuf mois, un bébé qui mesure en moyenne 50 cm et pèse en moyenne 3,2 kilos voit le jour.

Le fœtus est une vie qui appartient à Dieu

Avec les développements scientifiques d'aujourd'hui, les

gens ont un grand intérêt dans le clonage de créatures vivantes. Cependant, comme nous l'avons dit plus haut, peu importe à quel point la science progresse, les êtres humains ne peuvent être clonés. Même si on arrivait à cloner l'apparence extérieure d'un être humain, celui-ci n'aurait pas d'esprit. Sans esprit, cet être humain ne serait pas différent d'un animal.

Contrairement aux autres créatures, le processus de croissance de l'être humain inclut un moment où l'être humain reçoit un esprit. Durant le sixième mois de la grossesse, le fœtus a déjà plusieurs organes, un visage et des membres. Il devient un vaisseau capable de contenir son esprit. C'est à ce moment-là que Dieu donne la semence de vie à l'homme avec son esprit. La Bible nous donne une explication à partir de laquelle nous pouvons déduire ce fait. Il s'agit de la réaction d'un fœtus de 6 mois dans le ventre de sa mère.

Luc 1:41-44 nous dit : « Dès qu'Élisabeth entendit la salutation de Marie, son enfant tressaillit dans son sein, et elle fut remplie du Saint-Esprit. Elle s'écria d'une voix forte: Tu es bénie entre les femmes, et le fruit de ton sein est béni. Comment m'est-il accordé que la mère de mon Seigneur vienne auprès de moi? Car voici, aussitôt que la voix de ta salutation a frappé mon oreille, l'enfant a tressailli d'allégresse dans mon sein. »

Jésus venait d'être conçu dans le ventre de la Vierge Marie et cette dernière s'était rendue chez Élisabeth qui venait de concevoir Jean Baptiste 6 mois plus tôt. Dans le ventre de sa mère, Jean Baptiste a sauté de joie lorsque la Vierge Marie est arrivée. Il a reconnu Jésus dans le ventre de Marie et a été rempli de l'Esprit. Un fœtus est non seulement une vie, mais encore un être spirituel qui peut être rempli d'Esprit dès le sixième mois de grossesse. Un être humain est une vie qui appartient à Dieu dès le moment de la conception. Seul Dieu est souverain sur la vie. Nous ne devons dès lors pas avorter comme bon nous semble, même si le fœtus n'a pas encore d'esprit.

La période de neuf mois durant laquelle le fœtus grandit dans le ventre de sa mère est une période très importante. Il reçoit de sa mère tout ce dont il a besoin pour grandir, de sorte que la mère doit avoir un régime équilibré. Les émotions et pensées de la mère affectent également le développement du caractère, de la personnalité et de l'intelligence du fœtus. La même chose est vraie dans l'esprit. Les bébés dont les mères servent le royaume de Dieu et prient avec diligence naissent généralement avec des caractères doux et grandissent avec sagesse et en bonne santé.

La souveraineté sur la vie n'appartient qu'à Dieu mais Il n'interfère pas avec le processus de la conception, de la naissance et de la croissance de l'être humain. Les natures innées sont décidées par l'énergie vitale contenue dans le sperme et l'œuf des parents. D'autres traits de caractère sont acquis et développés selon l'environnement et d'autres facteurs d'influence.

L'intervention spéciale de Dieu

Il existe des cas où Dieu intervient dans la conception et la naissance. Cela a lieu lorsque les parents prient et ont une foi agréable à Dieu. Anne, une femme qui vivait du temps des Juges, traversait une grande souffrance et une grande agonie car elle ne pouvait avoir d'enfants. Elle venait donc à Dieu et priait avec ferveur. Elle a fait la promesse que, si Dieu lui donnait un fils, elle consacrerait ce fils à Dieu.

Dieu a entendu sa prière et l'a bénie de sorte qu'elle a pu concevoir un fils. Selon sa promesse, elle a apporté son fils Samuel au prêtre dès qu'il a été sevré et elle l'a donné pour qu'il soit serviteur de Dieu. Samuel communiquait avec Dieu dès l'enfance et est plus tard devenu un grand prophète d'Israël. Comme Anne a tenu sa promesse, Dieu l'a bénie avec encore trois autres fils et deux autres filles (1 Samuel 2:21).

De plus, Dieu intervient dans la vie de ceux qui sont mis à part par Dieu dans Sa providence. Pour comprendre ceci, nous devons réaliser la différence qui existe entre « être choisi » et « être mis à part ». Selon Son choix, Dieu établit un certain cadre et choisi sans discrimination tous ceux qui entrent dans les limites de ce cadre. Par exemple, Dieu a établi le cadre du salut et sauve tous ceux qui entrent dans les limites de ce cadre. Donc, ceux qui reçoivent le salut en acceptant Jésus-Christ et vivent par la Parole de Dieu sont appelés les « élus ».

Certains comprennent mal le fait que Dieu ait déjà choisi ceux qui seraient sauvés et ceux qui ne le seraient pas. Ils disent que si on a un jour accepté le Seigneur, Dieu agira de sorte à ce que vous soyez sauvé demain, même si vous ne vivez pas selon la Parole de Dieu. Cependant, cette façon de voir est erronée.

Tous ceux qui, en exerçant leur libre arbitre, viennent à la foi et entrent dans le cadre du salut recevront le salut. C'est-à-dire qu'ils sont tous « choisis » par Dieu. Par contre, ceux qui n'entrent pas dans le cadre du salut, où qui y sont un jour entré pour plus tard en ressortir en devenant amis du monde et en commettant délibérément des péchés, ne peuvent être sauvés à moins de se repentir de leurs voies.

Que signifie donc « être mis à part » ? Il s'agit de moments où Dieu, qui connait et planifie tout depuis la nuit des temps, choisi une certaine personne et contrôle le cœur de sa vie. Par exemple, Abraham, Jacob le Père des Israélites, et Moïse, le leader de l'Exode, ont tous été mis à part par Dieu pour accomplir des tâches particulières préparées par Dieu dans Sa providence.

Dieu connait toutes choses. Dans la providence de la culture humaine, Il sait quels types de personnes doit naitre à quels moments de l'histoire humaine. Pour accomplir Ses plans, Il choisit certaines personnes et leur permet d'accomplir de grandes œuvres. Pour ceux qui sont mis à part d'une telle façon, Dieu intervient à chaque instant de leurs vies, en commençant par leur naissance.

Romains 1:1 déclare : « Paul, serviteur de Jésus-Christ, appelé à être apôtre, mis à part pour annoncer l'Evangile de Dieu. » Paul a été mis à part pour être apôtre des Gentil et annoncer l'évangile. Parce qu'il avait un cœur courageux et qui n'oscillait pas, il a été mis à part pour traverser des souffrances inimaginables. Il a également reçu la responsabilité et le devoir d'écrire la plupart des livres du Nouveau Testament. Pour qu'il puisse remplir cette tâche, Dieu a fait en sorte qu'il apprenne la Parole de Dieu de façon minutieuse depuis sa plus tendre enfance avec Gamaliël, le plus grand professeur de l'époque.

Jean-Baptiste a également été mis à part par Dieu. Dieu est intervenu dans sa conception et a permis qu'Il vive une vie différente depuis l'enfance. Il vivait seul, dans le désert, et n'avait aucun contact avec le monde. Il avait un manteau de poils de chameau et une ceinture de cuir à la taille et il se nourrissait de sauterelles et de miel sauvage. C'est ainsi qu'il a préparé le chemin pour Jésus.

Cela a également été le cas pour Moïse. Dieu est intervenu dès la naissance de Moïse. Il a été jeté au fleuve, mais, trouvé par la princesse, il est devenu un prince. Malgré cela, il a pu être élevé par sa propre mère et ainsi apprendre tout ce qui concernait Dieu et son propre peuple. En tant que prince égyptien, il a également été instruit dans toutes les choses connues à l'époque. Comme nous l'avons expliqué, être mis à part signifie que Dieu dans Sa souveraineté contrôle la vie d'une certaine personne, tout en sachant quel type de personne naîtrait à certains moments précis de l'histoire humaine.

3. La conscience

Le fait qu'un homme puisse chercher et rencontrer Dieu le Créateur, regagner l'image de Dieu, et devenir un être de valeur dépend grandement du type de conscience qu'il possède.

Les spermatozoïdes et les ovules des parents contiennent leur énergie de vie, dont les enfants héritent. La même chose est vraie pour la conscience. Cette conscience est la norme qui permet de juger entre le bien et le mal. Si les parents ont vécu une bonne vie avec un bon terrain de cœur, il est plus que probable que les enfants naitront avec une bonne conscience. C'est pourquoi, l'énergie vitale héritée des parents est le facteur décisif du type de conscience d'une personne.

Cependant, même pour ceux qui sont nés avec une bonne énergie vitale héritée de leurs parents, s'ils sont élevés dans un environnement défavorable, témoins oculaires et auditifs de toutes sortes de mal et que des choses mauvaises sont plantées dans leurs cœurs, il y a de fortes chances que leurs consciences soient tachées de mal. Au contraire, ceux qui sont élevés dans un environnement favorable, qui voient et entendent de bonnes choses, vont plus que probablement avoir une conscience relativement bonne.

La formation de la conscience

Différentes consciences sont formées selon les parents

auxquels nous sommes nés, le type d'environnement dans lequel nous sommes élevés, le type de choses que nous voyons, entendons et apprenons, et quels efforts nous faisons pour faire ce le bien. Ainsi donc, ceux qui sont nés de parents bons et élevés dans un bon environnement, et qui se contrôlent eux-mêmes, cherchent habituellement ce qui est bon en suivant leur conscience. Il est facile pour ces personnes d'accepter l'évangile et d'être changés par la vérité.

En général, les gens pensent que la conscience et la partie bonne du cœur, mais du point de vue divin, ce n'est pas le cas. Certains ont une bonne conscience et une plus forte tendance à bien agir, tandis que d'autres ont une conscience maléfique et suivent leurs propres intérêts au lieu de chercher la vérité.

Certains ont des remords s'ils empruntent ne serait-ce qu'une toute petite chose à quelqu'un d'autre, d'autre estiment qu'il ne s'agit pas d'un vol et qu'il n'y a donc rien de mal à cela. Les gens ont différents critères de jugement lorsqu'il s'agit du bien et du mal, selon le type d'environnements dans lesquels ils ont été élevés et les choses qu'ils ont été enseignés.

Les gens jugent entre le bien et le mal selon leur conscience. Cependant, tous n'ont pas la même conscience. Il y a beaucoup de différences selon les cultures et les lieux où l'on vit, et la conscience ne peut donc jamais devenir la norme absolue pour juger entre bien et mal. La norme absolue ne peut être trouvée que dans la Parole de Dieu, qui est la vérité même.

La différence entre cœur et conscience

Romains 7:21-24 nous dit : « Je trouve donc en moi cette loi: quand je veux faire le bien, le mal est attaché à moi. Car je prends plaisir à la loi de Dieu, selon l'homme intérieur; 23 mais je vois dans mes membres une autre loi qui lutte contre la loi de mon entendement, et qui me rend captif de la loi du péché qui est dans mes membres. Misérable que je suis! Qui me délivrera de ce corps de mort?... »

Ce verset nous permet de comprendre ce qui compose le cœur d'un homme. L' « homme intérieur » dans ce verset est le cœur de la vérité, qui peut être appelé « cœur blanc » et qui tente de suivre les conseils de l'Esprit Saint. Dans cet homme intérieur se trouve la graine de la vie. Il y a aussi la « loi du péché », qui est le « cœur noir » rempli de fausseté. Puis, il y a aussi le « droit de mon esprit ». C'est la conscience. La conscience est une norme de jugement de valeur, que l'on établit soi-même. C'est un mélange de « cœur blanc » et de « cœur noir ». Pour comprendre la conscience, nous devons d'abord comprendre le cœur.

Il existe de nombreuses définitions du mot « cœur » dans les dictionnaires. Il s'agit de la nature « affective ou morale qu'il faut distinguer de la nature intellectuelle » ou « le caractère, les sentiments ou les penchants profonds d'une personne. » Mais le sens spirituel du cœur est différent.

Lorsque Dieu a créé le premier homme, Adam, Il lui a

donné la semence de vie avec son esprit. Adam était comme un réservoir vide et Dieu a mis en lui les connaissances de l'esprit, comme l'amour, la bonté et la vérité. Étant donné qu'Adam n'a été enseigné qu'avec la vérité, sa semence de vie se composait de son esprit même, avec les connaissances contenues en celui-ci. Parce qu'il était rempli uniquement de la vérité, il n'y avait aucun besoin de faire la distinction entre l'esprit et le cœur. Comme il n'y avait en lui aucune fausseté, un mot comme le mot conscience n'était pas nécessaire.

Mais après qu'il ait péché, l'esprit d'Adam n'était plus en harmonie avec son cœur. Et comme sa communication avec Dieu a été rompue, la vérité et la connaissance de l'esprit qui remplissaient son cœur ont commencé à fuir et, à la place, des mensonges comme la haine, l'envie et l'arrogance ont commencé à s'installer dans son cœur et à recouvrir les semences de vie. Avant que le mensonge n'entre en Adam, il n'y avait pas besoin d'utiliser le mot « cœur ». Son cœur était l'esprit même. Mais après que des mensonges aient commencé à le remplir à cause du péché, son esprit est mort et, depuis, nous avons commencé à utiliser le mot « cœur ».

Le cœur des hommes après la chute d'Adam en est arrivé à un état tel que « le mensonge, au lieu de la vérité, recouvrait la semence de vie » ce qui revient à dire que « l'âme, au lieu de l'esprit, a recouvert la semence de vie ». Autrement dit, le cœur de vérité est le cœur blanc et le cœur du mensonge est le cœur noir. Chez tous les descendants d'Adam nés après sa chute, le cœur se compose d'un cœur de vérité, d'un cœur de mensonge, et d'une conscience qu'ils ont développée en mélangeant des choses vraies et des mensonges.

La nature est à la base de la conscience

Le caractère propre au cœur est appelé « nature ». La nature n'est pas que le produit de notre héritage. Elle change également selon le genre de choses que l'on accepte en grandissant. Tout comme les sortes de sol peuvent changer en fonction de ce que nous y ajoutons, notre nature peut aussi changer selon ce qu'elle voit, entend et ressent.

Tous les descendants d'Adam nés sur cette terre héritent par l'énergie vitale des parents d'une nature qui est un mélange de vérité et de mensonge. D'une part, même s'ils sont nés avec la bonne nature, leur nature deviendra mauvaise s'ils acceptent des choses mauvaises dans des environnements défavorables. D'autre part, s'ils sont enseignés les bonnes choses dans le bon environnement, une nature relativement moins mauvaise sera plantée en eux. Chaque nature peut être changée en y intégrant les mensonges et vérités acquises.

Il est facile de comprendre la conscience si nous comprenons d'abord la nature de l'homme, parce que la conscience est la norme de jugement qui découle de la nature. Vous acceptez les connaissances de vérité et de mensonge acquises dans votre nature innée et forme le standard de jugement. C'est cela la conscience. Ainsi, dans la conscience, se trouvent le cœur de vérité, le mal qui découle de la nature d'une personne et l'autosatisfaction.

Plus les jours passent, plus le monde est rempli de péchés et de mal, et plus les consciences sont mauvaises. Les êtres humains héritent de plus en plus d'une nature mauvaise de la part des parents et, en plus, ils acceptent plus de mensonges durant leur vie. Ce processus se poursuit génération après génération. Comme leurs consciences deviennent de plus en plus mauvaises et engourdies, il leur devient de plus en plus difficile d'accepter l'Évangile. Au contraire, il leur est plus facile de recevoir les œuvres de Satan et de commettre des péchés.

4. Les œuvres de la chair

Quand un homme commet des péchés, il y aura certainement une rétribution selon la loi du royaume spirituel. Dieu prend sur lui dans un effort de donner des chances de se repentir et de se détourner du péché, mais si l'être humaine dépasse la limite, il connaitra des tests et des épreuves, voire diverses catastrophes.

Tout le monde est né avec une nature pécheresse, car les natures pécheresses du premier homme, Adam, sont transmises aux enfants par l'intermédiaire de l'énergie vitale des parents. Nous pouvons parfois voir même les bambins exprimer leur colère et leur frustration, par exemple en pleurant si fort. Parfois, si nous ne nourrissons pas un bébé affamé en pleurs, il criera tellement qu'il semble qu'il ne sera plus capable de respirer. Plus tard, il refuse d'être nourri tellement il est en colère. Même les nouveau-nés affichent ce genre d'actions car ils héritent du tempérament chaud, de la haine ou de la convoitise de leurs parents. C'est parce que tous les hommes ont des natures pécheresses dans leur cœur. C'est cela le péché originel.

En outre, les hommes commettent des péchés tout au long de leur croissance. Tout comme des aimants attirent le métal, ceux qui vivent dans l'espace physique vont continuer d'accepter ce qui n'est pas vérité et commettre des péchés. Ces péchés que l'on commet soi-même peuvent être classés en péchés de cœur et péchés d'actions. Différents péchés ont une importance différente et les péchés commis en action seront certainement jugés (1 Corinthiens 5:10). Les péchés commis en action sont mentionnés comme des « œuvres de la chair ».

2) La chair et les œuvres de la chair

Genèse 6:3 déclare : « Alors l'Eternel dit: Mon Esprit ne restera pas à toujours dans l'homme, car l'homme n'est que chair, et ses jours seront de cent vingt ans. » Ici, le terme « chair » ne fait pas simplement référence au corps physique. Il signifie que l'homme est devenu un être charnel taché de péchés et de mal. Un tel homme charnel ne peut pas habiter avec Dieu pour toujours, et donc il ne peut pas être sauvé. Á peine quelques générations après qu'Adam ait été chassé du jardin d'Éden et ait commencé à vivre sur cette terre, ses descendants ont commencé à commettre les œuvres de la chair.

Dieu a demandé à Noé, qui était le seul homme vertueux de l'époque, de préparer une arche et d'appeler les gens à se détourner de leurs péchés. Mais pas un, hormis la famille de Noé, n'a voulu entrer dans l'arche. Conformément à la loi spirituelle qui dit « le salaire du péché, c'est la mort » (Romains 6:23), tout le monde à l'époque de Noé a été détruit par le déluge.

Quel est donc le sens spirituel de la « chair » ? Il s'agit « des natures de mensonges dans le cœur d'une personne qui se révèlent dans des actes concrets ». En d'autres termes, la convoitise, le tempérament chaud, la haine, la cupidité, l'esprit adultère, l'arrogance et tous les autres mensonges égoïstes des hommes sont révélés dans les actes de violence, le langage grossier, l'adultère ou le meurtre. Tous ces actes sont appelés « chair » comme un tout, et chacune de ces actions sont des œuvres de la chair.

Cependant, les péchés non révélés en actions mais commis uniquement au niveau de l'esprit et des pensées sont appelés « choses de la chair ». Les choses de la chair peuvent un jour se révéler au grand jour comme des œuvres de la chair, tant qu'elles ne sont pas rejetées loin du cœur. Nous discuterons plus en détails des choses de la chair dans la partie 2 « La formation de l'âme ».

Une fois que les choses de la chair sont révélées comme œuvres de la chair, c'est ce que l'on appelle l'injustice et l'iniquité. Si nous avons les natures pécheresses de cœur, cela n'est pas considéré comme injustice, mais une fois que ces natures se transforment en action, cela devient injustice. Si nous ne nous débarrassons pas de ces choses de la chair et des œuvres de la chair, mais continuons à nous y livrer, c'est comme si nous construisions des murs de péchés entre Dieu et nous. Puis, Satan va nous accuser afin de nous entraîner dans des tests et des épreuves. Nous pourrions faire face à des accidents car Dieu ne peut pas nous protéger. Nous ne savons pas ce qui arrivera demain si nous ne sommes pas sous la protection de Dieu. C'est aussi pour cela que nous ne pouvons pas recevoir de réponses à nos prières.

Les œuvres évidentes de la chair

Si le mal est répandu dans le monde, certains des péchés les plus évidents sont l'immoralité sexuelle et la sensualité. Sodome et Gomorrhe étaient pleines de sensualité et ont été détruites par le soufre et le feu. Si nous considérons les vestiges de la ville de Pompéi, ils nous disent combien cette société était adultère et décadente.

Galates 5:19-21 décrit les œuvres évidentes de la chair :

Or, les œuvres de la chair sont manifestes, ce sont l'impudicité, l'impureté, la dissolution, l'idolâtrie, la magie, les inimitiés, les querelles, les jalousies, les animosités, les disputes, les divisions, les sectes, l'envie, l'ivrognerie, les excès de table, et les choses semblables. Je vous dis d'avance, comme je l'ai déjà dit, que ceux qui commettent de telles choses n'hériteront point le royaume de Dieu.

Encore aujourd'hui, ces œuvres de la chair sont monnaie courante dans le monde entier. Permettez-moi de vous en donner quelques exemples.

Premièrement, nous avons l'immoralité sexuelle. L'immoralité sexuelle peut être physique ou spirituelle. Au sens physique, elle se réfère à l'adultère ou à la fornication. Même ceux qui sont fiancés l'un à l'autre ne sont pas des exceptions. Aujourd'hui, les romans, les films et les feuilletons décrivent la fornication comme l'amour beau, rendant ainsi les gens insensibles par rapport aux péchés et brouillant leur discernement. Une grande quantité de publications obscènes encouragent également la fornication.

Mais il existe aussi une forme d'immoralité spirituelle qui touche les croyants. Lorsqu'ils se rendent chez la diseuse de bonnes aventures, ont une amulette ou des porte-bonheur, ou pratiquent la sorcellerie, c'est l'adultère spirituel (1 Corinthiens 10:21). Si les chrétiens ne s'appuient pas sur Dieu qui contrôle la vie, la mort, la bénédiction et la malédiction, mais sur leurs idoles et démons, c'est l'adultère spirituel, et cela revient à trahir Dieu.

Deuxièmement, l'impureté consiste à s'adonner à la luxure, à faire beaucoup de choses iniques et avoir une vie remplie de paroles et d'actions adultères. Cela va au-delà du niveau ordinaire de l'immoralité sexuelle et entraîne les gens, par exemple, vers des relations sexuelles avec des animaux, vers la participation à des orgies, et vers l'homosexualité (Lévitique 18:22-30). Plus des péchés sont répandus, plus les gens deviennent insensibles par rapport aux choses adultères.

Ces choses sont une forme de désobéissance et de rébellion contre Dieu (Romains 1:26-27). Il s'agit de péchés qui privent du salut (1 Corinthiens 6:9-10), et qui sont une abomination devant Dieu (Deutéronome 13:18). Subir des opérations chirurgicales de changement de sexe, qu'un homme porte des vêtements de femme, ou qu'une femme porte des vêtements d'hommes, toutes ces choses sont abominables pour Dieu (Deutéronome 22:5).

Troisièmement, l'idolâtrie est également une horreur pour Dieu. Il y a idolâtrie physique et idolâtrie spirituelle.

L'idolâtrie physique consiste à servir et à se prosterner devant des images faites de bois, de pierre ou de métal, plutôt que de chercher le Dieu Créateur (Exode 20:4-5). L'idolâtrie sévère sera une cause de malédictions durant trois à quatre générations. Si vous considérez les familles qui adorent énormément des idoles, vous verrez que l'ennemi le diable et Satan leur apporte constamment des tests et des épreuves, de sorte que les problèmes ne cessent jamais pour ces familles. En particulier, beaucoup de membres de ces familles sont démoniaques, souffrent de troubles mentaux ou de l'alcoolisme. Ceux qui sont nés dans ces familles, même s'ils acceptent le Seigneur, continuent d'être dérangés par l'ennemi le diable et Satan et ont de la difficulté à vivre dans la foi.

L'idolâtrie spirituelle consiste en ce qu'une personne qui croit en Dieu aime autre chose plus que Dieu. Si ces personnes violent le Jour du Seigneur pour profiter de films, de feuilletons télévisés, d'événements sportifs ou d'autres hobbies, ou si elles négligent leurs devoirs dans la foi à cause d'un petit copain ou petite copine, c'est de l'idolâtrie spirituelle. Mises à part ces choses, si vous aimez quoi que ce soit - la famille, les enfants, les divertissements mondains, les produits de luxe, le pouvoir, la renommée, l'argent, ou des connaissances - plus de Dieu, cette chose-là devient une idole.

Quatrièmement, la sorcellerie est l'utilisation de la puissance acquise par l'assistance ou grâce au contrôle d'esprits du mal, surtout pour la pratique de la divination.

Il n'est pas permis d'aller voir des diseuses de bonne aventure si vous dites croire en Dieu. Cependant, même les incroyants amènent sur leurs vies de grandes catastrophes en pratiquant la sorcellerie car la sorcellerie ouvre la porte aux esprits maléfiques.

Par exemple, si vous pratiquez une sorte de sorcellerie pour faire partir les problèmes, ces problèmes ne font qu'empirer plutôt que de s'éloigner. Après le rituel de sorcellerie, les esprits maléfiques semblent être calmes pendant un certain temps mais, très vite, ils apportent plus de problèmes pour recevoir plus de vénération. Parfois, ils semblent nous raconter des choses à venir, mais les mauvais esprits ne connaissent pas l'avenir. Il est vrai qu'il s'agit d'êtres spirituels et ils connaissent le cœur des hommes charnels, de sorte qu'ils trompent les gens à croire qu'ils ont reçu une révélation concernant leur avenir, mais ils le font afin d'être adorés. La sorcellerie peut également consister à élaborer des ruses pour tromper les autres et, par conséquent, nous devrions être prudents par rapport à cela également. Si vous laissez quelqu'un tomber dans une fosse en utilisant une telle ruse, il s'agit d'un travail évident de la chair, et cela entraînera votre propre destruction.

Cinquièmement, l'inimitié est une forme de haine ou de malveillance véritable, active et généralement mutuelle. Il s'agit de vouloir que les autres soient détruits et de faire en sorte que cela se produise réellement. Ceux qui sont remplis d'inimitiés haïssent les autres avec des sentiments mauvais uniquement parce qu'ils n'apprécient pas cette autre personne. Si l'ampleur de cette haine est trop grande, ils pourraient exploser ou se mettre à calomnier et à concevoir des machinations.

Sixièmement, les querelles sont des discordes ou des conflits amers et parfois violents. Cela entraîne à créer des groupes différents dans une église juste parce que d'autres ont des opinions différentes. Ces personnes parlent mal des autres, portent un jugement et condamnent. Il en résulte une église divisée en plusieurs groupes.

Septièmement, la dissension consiste à diviser en groupes qui suivent leurs propres pensées. Même les familles sont divisées, et il peut également y avoir différentes divisions dans l'église. Le fils de David, Absalom, a trahi et s'est lui-même séparé de son père pour suivre ses propres désirs. Il s'est révolté contre son père pour devenir roi. Dieu abandonne de telles personnes. Absalom a finalement fait face à une mort misérable.

Huitièmement, les factions. Quand des factions se développent, elles peuvent se transformer en hérésies. 2 Pierre 2:1 affirme : « Il y a eu parmi le peuple de faux prophètes, et il y aura de même parmi vous de faux docteurs, qui introduiront sournoisement des sectes pernicieuses, et qui, reniant le maître qui les a rachetés, attireront sur eux une ruine soudaine. » L'hérésie consiste à nier Jésus-Christ (1 Jean 2:22-23; 4:2-3). Ils disent croire en Dieu mais nient le Dieu Trinitaire ou Jésus-Christ, qui nous a racheté par son sang, et font ainsi venir une ruine soudaine sur eux-mêmes. La Bible dit clairement que les hérétiques sont ceux qui nient Jésus-Christ, et nous ne devrions donc pas juger imprudemment ceux qui acceptent le Dieu Trinitaire et Jésus-Christ.

Neuvièmement, l'envie est la jalousie aggravée pour devenir un acte grave. L'envie consiste à se sentir mal à l'aise et se distancer des autres et les haïr lorsqu'ils semblent mieux lotis que nous-mêmes. Si cette envie se développe, elle peut se traduire en de nombreux actes néfastes à d'autres. Saül était jaloux de son propre serviteur David car le peuple aimait David plus que lui. Il a même utilisé son armée pour tenter de tuer David et a assassiné les prêtres et les gens de la ville qui avaient caché David.

Dixièmement, l'ivresse. Noé a commis une erreur après avoir bu du vin après le déluge, et cela n'a pas été sans conséquence. Il a maudit son deuxième fils, Ham, lorsque celui-ci a révélé sa faute.

Éphésiens 5:18 déclare : « Ne vous enivrez pas de vin: c'est de la débauche. Soyez, au contraire, remplis de l'Esprit. » Certains diront peut-être qu'il n'y a rien de mal à boire un verre. Mais il s'agit tout de même d'un péché car même si l'on ne boit qu'un verre ou deux, celui qui boit de l'alcool le fait afin de s'enivrer. En outre, ceux qui sont en état d'ébriété commettent beaucoup de péchés et sont incapables de se contrôler.

La Bible mentionne le fait de boire du vin parce que, en Israël, l'eau est rare et donc au lieu d'eau Dieu leur a permis de boire du vin, qui est le pur jus de la vigne, ou une boisson forte faite de fruits plus sucrés (Deutéronome 14:26). Mais, en fait, Dieu n'a pas permis aux hommes de boire de l'alcool (Lévitique 10:9; Nombres 6:3; Proverbes 23:31; Jérémie 35:6; Daniel 1:8; Luc 1:15; Romains 14:21). Dieu a permis l'utilisation limitée de vin dans un cas très particulier. Cependant, même s'il ne s'agissait que de jus de fruits, les gens pouvaient encore s'enivrer s'ils buvaient beaucoup. Le peuple d'Israël buvait donc du vin au lieu d'eau, mais ils ne buvaient pas pour s'enivrer et s'amuser.

Dernièrement, l'idolâtrie consiste à apprécier l'alcool, les femmes, les jeux de hasard et d'autres choses luxurieuses sans se contrôler. Ces gens ne peuvent pas s'acquitter de leurs devoirs en tant qu'êtres humains. Si vous ne savez pas vous contrôler, c'est aussi un genre d'idolâtrie. Si vous vivez une vie excessivement obscène ou une vie de dissipation comme bon vous semble, il s'agit également d'une idolâtrie. Si vous vivez une telle vie même après avoir accepté le Seigneur, vous ne pouvez pas soit donner votre cœur à Dieu, soit vaincre le péché, et vous ne pouvez donc pas hériter du royaume de Dieu.

Ce que signifie ne pas être en mesure d'hériter le royaume de Dieu

Jusqu'à présent, nous avons étudié les œuvres manifestes de la chair. Quelle est donc la raison fondamentale qui pousse des gens à commettre ces œuvres de la chair ? Ils ne veulent pas de Dieu le Créateur dans leur cœur. Cela est décrit en Romains 1:28-32 : « Comme ils ne se sont pas souciés de connaître Dieu, Dieu les a livrés à leur sens réprouvé, pour commettre des choses indignes, étant remplis de toute espèce d'injustice, de méchanceté, de cupidité, de malice; pleins d'envie, de meurtre, de querelle, de ruse, de malignité; rapporteurs, médisants, impies, arrogants, hautains, fanfarons, ingénieux au mal, rebelles à leurs parents, dépourvus d'intelligence, 31 de loyauté, d'affection naturelle, de miséricorde. Et, bien qu'ils connaissent le jugement de Dieu, déclarant dignes de mort ceux qui commettent de telles choses, non seulement ils les font, mais encore ils approuvent ceux qui les font »

Ce passage dit essentiellement que vous n'hériterez point le royaume de Dieu si vous pratiquez les œuvres évidentes de la chair. Bien sûr, ce n'est pas que vous ne puissiez pas être sauvé juste parce que vous commettez quelques péchés de temps en temps à cause de la faiblesse de votre foi.

Il n'est pas vrai que les nouveaux croyants qui ne connaissent pas bien la vérité ou qui ont une foi faible ne peuvent pas recevoir le salut juste parce qu'ils n'ont pas encore abandonné les œuvres de la chair. Tous les hommes sont pécheurs jusqu'à ce que leur foi mûrisse et ils peuvent être pardonnés de leurs péchés en s'appuyant sur le sang du Seigneur. Mais s'ils continuent à commettre les œuvres de la chair sans s'en détourner, ils ne pourront pas recevoir le salut.

Le péché conduit à la mort

1 Jean 5:16-17 nous dit : « Et si nous savons qu'il nous écoute, nous savons que nous possédons la chose que nous lui avons demandée, quelle qu'elle soit. Si quelqu'un voit son frère commettre un péché qui ne mène point à la mort, qu'il prie, et Dieu donnera la vie à ce frère, il la donnera à ceux qui commettent un péché qui ne mène point à la mort. Il y a un péché qui mène à la mort; ce n'est pas pour ce péché-là que je dis de prier. » Selon ce passage, nous pouvons voir qu'il y a des péchés conduisant à la mort et des péchés ne conduisant pas à la mort.

Maintenant, quels sont les péchés qui mènent à la mort, qui nous privent du droit d'hériter du royaume de Dieu ?

Hébreux 10:26-27 déclare : « Car, si nous péchons volontairement après avoir reçu la connaissance de la vérité, il ne reste plus de sacrifice pour les péchés, mais une attente terrible du jugement et l'ardeur d'un feu qui dévorera les rebelles. » Si nous continuons de pécher en sachant qu'il s'agit de péchés, nous sommes en rébellion par rapport à Dieu. Dieu ne donne pas l'esprit de repentance à de telles personnes.

Hébreux 6:4-6 affirme également : « Car il est impossible que ceux qui ont été une fois éclairés, qui ont goûté le don céleste, qui ont eu part au Saint-Esprit, qui ont goûté la bonne parole de Dieu et les puissances du siècle à venir, et qui sont tombés, soient encore renouvelés et amenés à la repentance, puisqu'ils crucifient pour leur part le Fils de Dieu et l'exposent à l'ignominie. » Si vous vous opposez à Dieu après avoir entendu la vérité et fait l'expérience des œuvres de l'Esprit Saint, l'esprit de repentance ne vous sera pas accordé, et vous ne serez donc pas sauvé.

Si vous condamnez les œuvres de l'Esprit Saint et affirmez qu'il s'agit d'œuvres du diable ou d'une hérésie, vous ne pourrez pas non plus être sauvé car il s'agit d'un blasphème et d'une rébellion contre l'Esprit Saint (Matthieu 12:31-32).

Il faut comprendre qu'il y a des péchés qui ne peuvent pas être pardonnés et qu'il ne faut jamais commettre de tels péchés. Aussi, même des péchés insignifiants peuvent évoluer pour devenir des péchés graves s'ils sont accumulés. Par conséquent, nous devons nous tenir dans la vérité à chaque instant.

5. La culture

L'expression culture humaine se réfère à tous les processus divins de création d'êtres humains sur cette terre et de gouvernance de l'histoire humaine jusqu'au Jugement afin d'obtenir de véritables enfants.

La culture est le processus par lequel un agriculteur sème les graines et les récolte grâce à son travail. Dieu a également semé les premières semences appelées Adam et Ève sur cette terre pour obtenir une récolte de vrais enfants grâce à son travail pour les élever sur cette terre. Jusqu'à aujourd'hui, Il conduit la culture des êtres humains. Dieu savait d'avance que les hommes se corrompraient par la désobéissance et qu'Il en serait affligé. Mais Il cultive les hommes jusqu'à la fin car Il sait qu'il y aura véritablement des enfants qui vaincront le mal par leur amour pour Dieu et qui auront le cœur de Dieu.

Les hommes sont créés de la poussière de la terre et ils ont donc des natures qui ont les caractéristiques du sol. Si vous semez des graines dans un champ, les graines vont germer, grandir et porter des fruits. Nous pouvons voir que le sol a le pouvoir de produire une nouvelle vie. Par ailleurs, les caractéristiques du sol changent en fonction de ce que vous y ajoutez. Il en est de même pour les hommes. Ceux qui se fâchent souvent finiront pas avoir davantage de colère dans leur nature. Ceux qui mentent souvent finiront par avoir davantage de fausseté dans leur nature. Après avoir péché, Adam et ses descendants sont devenus des hommes de chair et ont été vite de plus en plus souillés par le mensonge.

C'est la raison pour laquelle les hommes se doivent de cultiver leur cœur et de regagner le cœur d'esprit grâce à la « culture humaine ». Après tout, la raison pour laquelle les hommes sont cultivés sur cette terre est qu'ils cultivent leur cœur et récupèrent le cœur pur qu'Adam avait avant sa chute. Dieu nous a donné dans la Bible des paraboles tirées de l'agriculture afin que nous puissions comprendre Sa providence dans la culture humaine (Matthieu 13, Marc 4, Luc 8).

En Matthieu 13, Jésus compare le cœur des hommes au bord de la route, au terrain rocailleux, au champ épineux et à la bonne terre. Nous devrions chercher à savoir quel type de sol nous avons et le travailler pour en faire la bonne terre que Dieu désire.

Quatre sortes de cœurs-champs

Premièrement, le bord de la route est une terre durcie parcourue par les gens depuis un long moment. En fait, il ne s'agit même pas d'un champ et aucune graine ne va germer à cet endroit. Il n'y a pas de travail de vie là.

Le bord de la route au sens spirituel se réfère au cœur de ceux qui n'acceptent pas du tout l'Évangile. Leur cœur est tellement endurci par leur ego et leur fierté que la semence de l'Évangile ne peut pas être semée. À l'époque de Jésus, les dirigeants juifs étaient tellement entêtés dans leurs propres opinions et traditions qu'ils rejetaient Jésus et l'Évangile. Aujourd'hui, ceux qui ont le cœur du bord de la route sont tellement entêtés qu'ils n'ouvrent pas leur esprit et rejettent l'Évangile, même s'ils sont témoins de la puissance de Dieu.

Le bord de la route est très dur et les semences ne peuvent pénétrer le sol. Donc, les oiseaux viennent et mangent les graines. Ici, les oiseaux sont une image de Satan qui emporte la Parole de Dieu afin que les gens ne puissent pas venir à la foi. Ils viennent à l'église car ils cèdent sous la pression forte de ceux qui les invitent mais ils ne veulent pas croire la Parole de Dieu qui est prêchée. Au contraire, ils portent un jugement sur le prédicateur ou le message en fonction de leurs propres idées. Ceux qui ont un cœur durci et n'ouvrent pas leur esprit ne peuvent finalement pas recevoir le salut parce que la semence de la Parole de Dieu ne peut porter de fruits.

Deuxièmement, le terrain rocailleux est un peu meilleur que le bord de la route. Un homme dont le cœur est un bord de route n'a pas l'intention d'accepter la Parole de Dieu, mais celui dont le cœur est un terrain rocailleux comprend la Parole de Dieu qu'il entend. Si vous semez des graines en terrain rocailleux, certaines graines germent ici et là, mais ne peuvent pas bien pousser. Marc 4:5-6 nous dit : « Une autre partie tomba dans un endroit pierreux, où elle n'avait pas beaucoup de terre; elle leva aussitôt, parce qu'elle ne trouva pas un sol profond; mais, quand le soleil parut, elle fut brûlée et sécha, faute de racines. »

Ceux qui ont un cœur de terrain rocailleux comprennent la Parole de Dieu mais ne peuvent pas l'accepter avec foi. Marc 4:17 déclare : « …mais ils n'ont pas de racine en eux-mêmes, ils croient pour un temps et, dès que survient une tribulation ou une persécution à cause de la parole, ils y trouvent une occasion de chute. » Ici, « parole » se réfère à la Parole de Dieu qui nous dit certaines choses comme « garder le Sabbat », « donner des dîmes pleines », « ne pas adorer d'idoles », « servir les autres » et « s'humilier soi-même ». Lorsqu'ils écoutent la Parole de Dieu, ils pensent qu'ils vont garder Sa Parole, mais ils ne peuvent conserver leur détermination face aux difficultés. Ils se réjouissent lorsqu'ils reçoivent la grâce de Dieu, mais les difficultés vont bientôt leur faire changer d'attitude. Ils ont entendu et connaissent Sa Parole, mais ils n'ont pas la force de la mettre en pratique parce que Sa Parole n'a pas été cultivée dans leur cœur pour faire naître une foi sûre.

Troisièmement, ceux qui ont le cœur du champ de ronces comprennent la Parole de Dieu et commencent à la mettre en pratique. Cependant, ils ne peuvent pratiquer la Parole de Dieu au plus grand degré et ils ne portent pas de beaux fruits. Marc

4:19 affirme : « mais en qui les soucis du siècle, la séduction des richesses et l'invasion des autres convoitises, étouffent la parole, et la rendent infructueuse. »

Ceux qui ont ces cœurs-champs semblent être de bons croyants qui pratiquent la Parole de Dieu, mais ils ont encore des épreuves et leur croissance spirituelle est lente. C'est parce qu'ils ne font pas l'expérience de l'œuvre réel de Dieu car ils sont trompés par les inquiétudes du monde, la séduction des richesses et des désirs pour d'autres choses. Par exemple, supposons que leur entreprise ait fait faillite et qu'ils puissent même aller en prison. Si la situation leur permet de rembourser la dette avec juste un peu d'opportunisme, ils seront tentés par Satan et susceptibles de chuter. Dieu ne peut les aider que s'ils marchent dans la droiture, peu importe combien cela est difficile, mais ils chutent face à la tentation de Satan.

Même si ils ont la volonté d'obéir à la Parole de Dieu, ils ne peuvent pas vraiment se conformer avec la foi car leur esprit est rempli de pensées humaines. Ils disent dans leurs prières qu'ils remettent tout entre les mains de Dieu, mais ils s'appuient d'abord sur leur propre expérience et théories. Ils mettent leurs propres plans en premier, de sorte que les choses ne vont pas vraiment bien pour eux, même si dans un premier temps tout semble très bien se passer. Jacques 1:8 nous dit que ces gens sont irrésolus.

Lorsqu'il n'y a que quelques germes de ronces, il ne semble pas que cela soit si dommageable. Mais lorsque ces ronces grandissent, la situation devient totalement différente. Ces épines deviennent un buisson et empêchent les autres semences de grandir. Donc, s'il y a un élément quel qu'il soit qui nous empêche d'obéir à la Parole de Dieu, nous devons l'arracher immédiatement même si cet élément semble trivial.

Quatrièmement, la bonne terre est un terrain fertile et bien déblayé par l'agriculteur. La terre dure a été labourée, les rochers et les ronces ont été retirés. Cela implique que vous vous absteniez de faire les choses que Dieu interdit et rejetiez les choses que Dieu nous dit de rejeter. Il n'y a pas de pierres ou d'autres obstacles et, donc, lorsque la Parole de Dieu tombe sur cette terre, elle produit des fruits à raison de 30, 60 ou 100 fois ce qui est semé. Ces gens vont recevoir des réponses à leurs prières.

Afin de vérifier dans quelle mesure nous avons cultivé le cœur du bon sol, nous pouvons voir comment nous mettons en pratique la Parole de Dieu. Plus le sol que vous avez cultivé est bon, plus il vous est facile de vivre par la Parole de Dieu. Il y a des gens qui connaissent la Parole de Dieu mais n'arrivent pas à la mettre en pratique en raison de la fatigue, de la paresse, de pensées fausses et de désirs. Ceux qui ont un cœur de bon sol n'ont pas ces obstacles et donc ils comprennent et mettent en pratique la Parole de Dieu dès qu'ils l'entendent. Une fois qu'ils se rendent compte qu'une chose est la volonté de Dieu et Lui est agréable, ils la font.

Plus vous cultivez votre cœur, plus vous en venez à aimer

ceux que vous haïssiez auparavant. Vous pouvez maintenant pardonner ceux que vous n'auriez pas pu pardonner avant. L'envie et les critiques se transforment en amour et en miséricorde. L'esprit hautain devient humilité et service. Rejeter le mal de cette façon pour circoncire son cœur, c'est cela cultiver son cœur pour en faire un bon sol. De plus, lorsque la semence de la Parole de Dieu tombe dans le cœur de bonne terre, elle va germer et grandir rapidement jusqu'à porter une abondance des neuf fruits de l'Esprit Saint et des fruits de la Lumière.

Lorsque vous changez votre cœur en bon sol, vous pouvez recevoir foi spirituelle d'en-haut. Vous pouvez également prier ardemment pour faire descendre la puissance de Dieu d'en-haut, entendre la voix de l'Esprit Saint clairement et accomplir la volonté de Dieu. Ces personnes sont le genre de fruits que Dieu désire récolter au travers de la culture humaine.

Le caractère du vase : Le champ de cœur

Un élément important dans la culture de notre cœur est le caractère du vase. Le caractère du vase est lié au caractère du matériau du vase. Cela nous montre comment on écoute la Parole de Dieu, comment on la conserve dans son esprit et comment on la met en pratique. La Bible donne l'illustration des vases d'or, d'argent, de bois ou de terre (2 Timothée 2:20-21).

Ils sont tous à l'écoute de la même Parole de Dieu, mais ils l'entendent différemment. Certains l'acceptent en disant «

Amen » tandis que d'autres la laisse de côté car elle n'est pas en accord avec leurs pensées. Certains écoutent d'un cœur sincère et essayent de la mettre en pratique, tandis que d'autres s'estiment bénis par le message mais l'oublient vite.

Ces différences proviennent des différences dans la nature du vase. Si vous vous concentrez sur la Parole de Dieu que vous entendez, elle sera semée dans votre cœur différemment de lorsque vous entendez Sa Parole avec somnolence et sans concentration. Même si vous écoutez le même message, le résultat sera très différent et pourra aller du fait de conserver la Parole au plus profond de votre cœur ou de l'écouter négligemment.

Actes 17:11 dit : « Ces Juifs avaient des sentiments plus nobles que ceux de Thessalonique; ils reçurent la parole avec beaucoup d'empressement, et ils examinaient chaque jour les Ecritures, pour voir si ce qu'on leur disait était exact. »

Si vous écoutez avec diligence la Parole de Dieu, la gardez à l'esprit, et la mettez en pratique telle qu'elle est, nous pouvons dire que vous avez un bon caractère de vase. Les personnes qui ont un bon caractère de vase sont obéissantes à la Parole de Dieu, de sorte qu'elles peuvent rapidement cultiver un bon sol de cœur. Puis, comme ces personnes ont de bons sols du cœur, elles vont naturellement garder la Parole de Dieu au plus profond de leur cœur et la mettre en pratique.

Un bon caractère de vase aide à cultiver une bonne terre et la bonne terre contribue également à cultiver un bon caractère de vase. Comme nous pouvons le lire en Luc 2:19, qui nous nous dit

: « Marie gardait toutes ces choses, et les repassait dans son cœur », la Vierge Marie était un bon vase qui gardait la Parole de Dieu dans son esprit, et elle a reçu la bénédiction de concevoir Jésus par l'Esprit Saint.

1 Corinthiens 3:9 déclare : « Car nous sommes ouvriers avec Dieu. Vous êtes le champ de Dieu, l'édifice de Dieu. » Nous sommes un champ que Dieu cultive. Nous pouvons avoir des cœurs purs et bons comme un bon sol et être un bon vase comme un vase d'or qui peut être utilisé à des fins nobles par Dieu si nous écoutons et gardons la Parole de Dieu à l'esprit et la mettons en pratique.

Caractère du cœur : La taille du vase

Il y a un autre concept en relation avec le caractère du vase. Il s'agit de la façon dont une personne peut élargir et utiliser son cœur. Le caractère du vase concerne le matériau du vase tandis que le caractère du cœur concerne la taille du vase. Ces caractères du cœur peuvent être classés en quatre catégories.

La première catégorie est celle de ceux qui font plus que ce qu'ils sont censés faire. C'est le meilleur des caractères du cœur. Par exemple, les parents demandent à leurs enfants de ramasser des déchets tombés sur le sol. Et, non seulement les enfants ramassent les déchets mais ils nettoient aussi toute la chambre. Ils dépassent les attentes des parents et donc ils apportent de la joie à leurs parents. Étienne et Philippe n'étaient que diacres mais ils ont été aussi fidèles et saints que les apôtres. Ils ont vraiment été agréables aux yeux de Dieu et ont accomplis des prodiges et des signes de grande puissance.

La deuxième catégorie se compose de ceux qui ne font que ce qu'ils sont censés faire. Ces gens vont prendre leurs responsabilités propres, mais ne se préoccupent pas vraiment des autres personnes ou de leurs environs. Si les parents leur demandent de ramasser les déchets, ils ramassent les déchets. Ils peuvent être reconnus pour leur obéissance, mais ils ne peuvent pas devenir une plus grande joie pour Dieu. Certains croyants tombent dans cette catégorie dans l'église également : ils ne s'acquittent que de leurs devoirs et ne se préoccupent pas vraiment des autres aspects. Ces personnes ne peuvent pas vraiment devenir une grande joie aux yeux de Dieu.

La troisième catégorie se constitue de personnes qui font ce qu'elles doivent faire avec un sens du devoir. Elles ne remplissent pas leurs devoirs avec joie et actions de grâces, mais avec plaintes et murmures. Ces personnes sont négatives en toutes choses et elles sont avares lorsqu'il s'agit de se sacrifier pour aider les autres. Si certaines tâches leur sont confiées, elles peuvent les effectuer avec un sens du devoir, mais elles sont susceptibles de donner du fil à retordre aux autres. Dieu regarde notre cœur. Il est ravi lorsque nous remplissons nos devoirs de notre plein gré avec amour pour Dieu au lieu de nous sentir contraints ou rien qu'avec un sens du devoir à accomplir.

La quatrième catégorie est celle de ceux qui font le mal. Ces gens n'ont pas de sens des responsabilités ou du devoir. Ils n'ont pas de considération pour les autres. Ils insistent sur leurs propres idées et théories et donnent du fil à retordre aux autres. Si ces personnes sont des pasteurs ou des dirigeants qui prennent soin des membres de l'église, ils ne peuvent pas prendre soin d'eux avec amour et perdent donc les âmes ou les font se trébucher. Ils rejetteront toujours le blâme sur les autres lorsque les résultats sont défavorables et finissent par quitter leurs fonctions. Par conséquent, il est préférable qu'il ne leur soit pas confié de fonctions pour commencer.

Nous allons à présent considérer quel type de caractère de cœur nous avons. Même si notre cœur n'est pas assez large, nous pouvons le changer en un cœur plus large. Pour ce faire, nous devons fondamentalement sanctifier notre cœur et avoir un bon caractère de vase. Nous ne pouvons pas nous contenter d'avoir un bon caractère de cœur tout en ayant un mauvais caractère de vase. Il s'agit également d'une façon de cultiver un bon caractère de cœur que de nous nous sacrifier avec dévouement et passion en toutes choses.

Ceux qui ont un bon caractère de cœur peuvent accomplir de grandes choses devant Dieu et grandement rendre gloire à Dieu. Cela a également été le cas pour Joseph. Celui-ci a été vendu en Égypte par ses frères et est devenu l'esclave de Potiphar, un capitaine de la garde personnelle du Pharaon. Pourtant, il ne s'est pas lamenté sur son sort simplement parce qu'il a été vendu comme esclave. Il a fait son devoir si fidèlement qu'il a été approuvé par son maître et a été chargé de toutes les affaires de la maison. Plus tard, il a été injustement accusé et emprisonné, mais il est resté aussi fidèle qu'avant et, finalement, il est devenu le premier ministre de toute l'Égypte. Il a sauvé le pays et sa famille de la grave sécheresse et a jeté les bases de la formation du pays d'Israël.

S'il n'avait pas eu un bon caractère de cœur, il aurait simplement fait ce que lui ordonnait son maître. Il aurait fini par mourir comme esclave en Égypte ou aurait vécu toute sa vie en prison. Cependant, Joseph a été grandement utilisé par Dieu parce qu'il a fait de son mieux aux yeux de Dieu dans chaque circonstance et a agi avec largesse de cœur.

Du blé ou de l'ivraie ?

Dieu cultive les êtres humains depuis longtemps dans cet espace physique, depuis la chute d'Adam. Le moment venu, Il permettra de séparer le bon grain de l'ivraie et amassera le blé dans le royaume des cieux et l'ivraie en enfer. Matthieu 3:12 affirme : « Il a son van à la main; il nettoiera son aire, et il amassera son blé dans le grenier, mais il brûlera la paille dans un feu qui ne s'éteint point. »

Ici, le blé se réfère à ceux qui aiment Dieu et pratiquent Sa Parole pour vivre dans la vérité. Au contraire, ceux qui ne vivent pas dans la Parole de Dieu mais dans le mal, qui ne vivent pas selon la vérité, n'acceptent pas Jésus-Christ et s'adonnent aux œuvres de la chair font partie de l'ivraie.

Dieu veut que tout le monde devienne du blé et reçoive le salut (1 Timothée 2:4). Les agriculteurs aimeraient récolter de toutes les semences qu'ils sèment dans le champ. Cependant, au moment de la récolte, il y a toujours de l'ivraie et, de même, tout le monde dans la culture humaine ne deviendra pas du blé qui peut être sauvé.

Si nous ne nous rendons pas compte de ce principe de la culture humaine, on pourra poser une question telle que « il est dit que Dieu est amour, pourquoi sauverait-Il donc certaines personnes et laisserait-Il les autres sur la voie de la destruction ? » Mais ce n'est pas Dieu qui décide du salut de chacun selon ses goûts et préférences. Il appartient à chaque personne de faire un choix par libre-arbitre. Tous ceux qui vivent dans l'espace physique peuvent choisir soit le chemin du ciel, soit celui de l'enfer.

Jésus dit en Matthieu 7:21 : « Ceux qui me disent: Seigneur, Seigneur! n'entreront pas tous dans le royaume des cieux, mais seulement celui qui fait la volonté de mon Père qui est dans les cieux » et en Matthieu 13:49-50 : « Il en sera de même à la fin du monde. Les anges viendront séparer les méchants d'avec les justes, et ils les jetteront dans la fournaise ardente, où il y aura des pleurs et des grincements de dents. »

Ici, le terme « les justes » se réfère aux croyants. Cela signifie que Dieu va séparer le bon grain de l'ivraie parmi les croyants. Même s'ils acceptent Jésus Christ et vont à l'église, ceux qui ne suivent pas la volonté de Dieu sont encore sur le chemin du mal. Ils ne sont que de l'ivraie qui doit être jetée dans le feu de l'enfer.

Dieu nous enseigne concernant le cœur de Dieu le Créateur, la providence de la culture humaine et le vrai but de la vie dans la Bible. Il veut que nous développions de bons caractères de vase et de bons caractères de cœur, et soyons de véritables enfants de Dieu - le blé dans le royaume des cieux. Mais combien sont ceux qui poursuivent des choses sans importance dans ce monde rempli de péchés et d'iniquité ? C'est parce qu'ils sont contrôlés par leur âme.

 L'esprit, l'âme, et le corps : Volume 1

Partie 2

La formation de l'âme
Fonctionnements de l'âme dans un espace physique)

D'où viennent les pensées des hommes ?

Mon âme prospère-t-elle ?

« Nous renversons les raisonnements
et toute hauteur qui s'élève
contre la connaissance de Dieu,
et nous amenons toute pensée captive
à l'obéissance de Christ.
Nous sommes prêts aussi à punir toute désobéissance,
lorsque votre obéissance sera complète. »
(2 Corinthiens 10:5-6)

Chapitre 1
La formation de l'âme

Depuis le temps où l'esprit de l'homme est mort, son âme a pris la place de maître de l'homme et nous vivons dans l'espace physique. L'âme est tombée sous l'influence de Satan et les hommes ont développé divers fonctionnements de l'âme.

1. La définition de l'âme

2. Divers fonctionnements de l'âme dans un espace physique

3. Les ténèbres

Nous voyons les merveilles de la création de Dieu lorsque nous voyons des créatures comme les chauves-souris qui trouvent leurs proies grâce à un sonar ; lorsque nous voyons le saumon et différents oiseaux parcourir des milliers de kilomètres pour revenir à leur lieu naissance et de reproduction, ou le pic-vert qui frappe le bois près d'un millier de fois en une minute.

Les hommes sont créés pour dominer toutes ces choses. L'apparence physique extérieure de l'homme n'est pas aussi impressionnante que celle des lions ou des tigres. Leurs sens de l'ouïe ou de l'odorat ne sont pas aussi développées que ceux des chiens. Néanmoins, ils sont appelés seigneurs de toutes les créatures.

C'est parce qu'ils ont un esprit et une puissance de raisonnement avec une fonction cérébrale d'un niveau supérieur. Les hommes ont l'intelligence et peuvent développer la science et la civilisation pour dominer sur toutes choses. C'est la partie pensante de l'homme qui est liée à « l'âme ».

1. La définition de l'âme

Le périphérique de mémoire du cerveau, les connaissances contenues dans la mémoire et les réflexions faites suite au stockage de la connaissance sont purement et simplement appelés « âme ».

Il nous faut comprendre clairement la relation entre l'esprit, l'âme et le corps pour pouvoir correctement comprendre les fonctionnements de l'âme. Ce faisant, nous pouvons retrouver le type de fonctionnement de l'âme que Dieu désire. Pour éviter d'être contrôlé par Satan au travers de notre âme, notre esprit doit être notre maître et dominer sur notre âme.

Le Merriam-Webster Dictionary définit « l'âme » comme « l'essence immatérielle, le principe qui anime, ou la cause d'actionnement d'une vie individuelle, le principe spirituel incarné dans les êtres humains, tous les êtres rationnels et spirituels, ou l'univers. » Mais la signification biblique de l'âme diffère de celle-ci.

Dieu a placé un dispositif de mémoire dans le cerveau de l'homme. Le cerveau a la fonction de se souvenir des choses. De cette façon, les hommes peuvent sauvegarder des connaissances dans ce dispositif de stockage pour ensuite les récupérer. Lorsque le contenu du dispositif de mémoire est récupéré, ce contenu est appelé « pensée ». Autrement dit, la pensée est la récupération et le souvenir de choses qui ont été mises en mémoire. Pris dans leur ensemble, le dispositif de mémoire, les connaissances qu'il contient et la récupération des connaissances est appelée « âme ».

L'âme de l'homme peut être comparé au fait de stocker des données sur le disque dur d'un ordinateur pour ensuite les rechercher et les utiliser. Les hommes ont une âme afin de pouvoir se souvenir et réfléchir. L'âme est donc aussi importante pour les hommes que leur cœur.

La quantité de données vues, entendues et stockées et la manière dont l'on s'en souvient et utilise ces données fait que notre pouvoir de mémoire et d'intelligence diffère par rapport aux autres. Le quotient intellectuel ou QI est principalement décidé par héritage, mais il peut également être modifié par des éléments acquis comme les études et expériences. Même si deux personnes étaient nées avec le même niveau de QI, leurs QI pourraient se développer différemment selon la quantité d'efforts qu'elles y consacrent.

L'importance du fonctionnement de l'âme

Le fonctionnement de l'âme évolue différemment selon les types de contenus que nous stockons dans le dispositif de mémoire. Les gens voient, entendent, ressentent des choses et se rappellent de beaucoup de ces choses chaque jour. Ils se souviennent par la suite de ces choses pour planifier l'avenir, pour raisonner ou pour discerner entre le bien et le mal.

Le corps est comme un vase qui contient l'âme et l'esprit. L'âme joue un rôle important dans le développement du caractère, de la personnalité et des normes de jugement grâce à sa capacité de « réflexion ». Le succès ou l'échec d'une personne dépendent grandement des fonctionnements de l'âme de cette personne.

Un incident a eu lieu en 1920 dans un petit village appelé Kodamuri, situé à 110 km au sud-ouest de Calcutta, en Inde. Le pasteur Singh et son épouse y travaillaient comme missionnaires, et ils ont entendu les habitants parler de monstres qui étaient comme des êtres humains et vivaient avec les loups dans une grotte. Lorsque le pasteur Singh a capturé les monstres, il s'est avéré qu'il s'agissait de deux filles bel et bien humaines.

Selon le journal personnel du pasteur Singh, les filles n'étaient humaines qu'en apparence. Tous leurs comportements étaient ceux des loups. L'une d'elles est décédée peu après et l'autre a été nommée Gamara et a vécu avec les Singh pendant neuf ans puis es décédé d'une forme de contamination du sang appelée l'urémie.

Durant la journée, Gamara se tenait face au mur dans une pièce sombre puis, sans bouger du tout, elle s'assoupissait. Mais, la nuit, elle se promenait à quatre pattes tout autour de la maison et hurlait si fort que de vrais loups répondaient au loin. Elle léchait les aliments sans utiliser ses mains. Elle courait à quatre pattes en utilisant ses mains comme les loups utilisent leurs pattes. Si certains enfants s'approchaient d'elle, elle montrait ses dents, grognait et changeait d'emplacement.

Les Singh ont essayé de faire de cette fille-loup un véritable être humain, mais cela n'a pas été facile. Ce n'est qu'après trois ans qu'elle a commencé à manger avec les mains et, après cinq ans, elle a commencé à montrer des expressions faciales de tristesse et de joie. Les émotions que Gamara pouvait exprimer lorsqu'elle est décédée étaient très basiques et similaires à celles des chiens qui agitent leur queue pour exprimer leur joie lorsqu'ils rencontrent leurs propriétaires.

Cette histoire nous apprend que l'âme de l'homme a une influence directe sur le fait nous rendre humains. Gamara a grandi en voyant les comportements des loups. Parce qu'elle ne pouvait pas stocker les connaissances nécessaires aux êtres humains, son âme n'a pas pu se développer. Comme elle a été élevée par les loups, elle ne pouvait pas faire autrement que d'agir comme un loup.

La différence entre les hommes et les animaux

Les hommes se composent d'un esprit, d'une âme et d'un corps. Le plus important d'entre eux est l'esprit. L'esprit des hommes leur est donné par Dieu qui est esprit, et il ne peut jamais être éteint. Le corps meurt et redevient une poignée de poussière, mais l'esprit et l'âme demeurent et vont soit au ciel, soit en enfer.

Lorsque Dieu a créé les animaux, il n'a pas insufflé en eux le souffle de vie comme pour les êtres humains, de sorte que les animaux ne se composent que d'un corps et d'une âme. Les animaux ont également une unité de mémoire dans le cerveau. Ils peuvent se souvenir de ce qu'ils ont vu et entendu au cours de leur vie. Mais parce qu'ils n'ont pas d'esprit, ils n'ont pas le cœur spirituel. Ce qu'ils voient et entendent se trouve uniquement dans l'unité de stockage de la mémoire des cellules du cerveau.

Ecclésiaste 3:21 dit : « Qui sait si le souffle des fils de l'homme monte, et si le souffle de la bête descend dans la terre ? » Ce verset emploie le terme « souffle des fils de l'homme ». Le mot « souffle », qui représente l'âme de l'homme, est utilisé ici parce que, à l'époque de l'Ancien Testament, avant que Jésus ne vienne sur cette terre, l'esprit qui restait dans les gens était « mort ». Par conséquent, que ces personnes soient sauvées ou non, quand elles mouraient il était dit que leur « souffle » ou « âme » les quittait. L'âme de l'homme qui « monte » implique

que l'âme ne disparaît pas mais va soit au paradis, soit en enfer. D'autre part, l'âme des animaux descend dans la terre, ce qui signifie qu'elle s'éteint. Les cellules du cerveau meurent lorsque les animaux meurent et le contenu de leur cerveau cesse aussi d'exister. Ils n'ont plus aucun fonctionnement de l'âme. Dans certains mythes ou histoires, des chats noirs ou des serpents se vengent contre les personnes, mais ce genre d'histoires ne devraient pas être considérées comme vraies.

Les animaux ont un fonctionnement d'âme mais il s'agit d'un fonctionnement limité nécessaire à leur survie. Il est le résultat de l'instinct. Ils ont instinctivement peur de la mort. Ils peuvent devenir résistants ou montrer leur peur s'ils sont menacés, mais ils ne peuvent jamais se venger. Les animaux n'ont pas d'esprit, ils ne peuvent donc jamais chercher Dieu. Les poissons pourraient-il penser à des façons de rencontrer Dieu alors qu'ils nagent ? L'homme, cependant, a un fonctionnement d'âme d'une tout autre dimension et beaucoup plus compliqué que chez les animaux. Les êtres humains ont la capacité de penser à des choses qui dépassent les simples pensées instinctives de survie. Ils peuvent développer des civilisations, réfléchir sur le sens de la vie ou développer la pensée philosophique ou religieuse.

Les hommes ont des fonctionnements de l'âme d'une dimension plus élevée car, en plus d'un corps et d'une âme, ils sont également dotés d'un esprit. Même ceux qui ne croient pas en Dieu ont un esprit. C'est ce qui explique dans une certaine mesure la façon dont ils peuvent sentir vaguement le domaine spirituel et ont un sentiment de crainte d'une vie après la mort. Avec un esprit qui est comme mort, ils sont complètement contrôlés par leurs âmes. Contrôlés par l'âme, ils commettent des péchés et finalement vont en enfer en conséquence.

L'homme d'âme

Quand Adam a été créé, il était un être spirituel qui communiquait avec Dieu. À savoir, son esprit était son maître et l'âme était comme un serviteur qui obéissait à son esprit. Bien sûr, même alors, l'âme avait la fonction de la mémoire et de la pensée, mais parce qu'il n'y avait pas de mensonge ou de mauvaises pensées, l'âme ne faisait que de suivre les instructions de l'esprit qui obéissait à la Parole de Dieu.

Mais après Adam ait mangé de l'arbre de la connaissance du bien et du mal, son esprit est mort, il est devenu un homme d'âme contrôlé par Satan. Ce dernier a commencé à inspirer des pensées et des actions de mensonge. Alors les hommes se sont éloignés de plus en plus de la vérité, car Satan contrôlait leur âme et les conduisait sur la voie du mensonge. Les hommes d'âme sont donc ceux dont l'esprit est mort et qui ne peuvent recevoir aucune connaissance de l'esprit de Dieu.

Les hommes d'âme dont l'esprit est mort ne peuvent pas recevoir le salut. Cela était le cas d'Ananias et Saphira dans l'église primitive. Ils croyaient en Dieu mais n'avaient pas de véritable foi. Ils ont été incités par Satan à mentir à l'Esprit Saint et à Dieu. Qu'est-il arrivé ?

Actes 5:4-5 dit : « Ce n'est pas à des hommes que tu as menti, mais à Dieu. Ananias, entendant ces paroles, tomba, et expira. Une grande crainte saisit tous les auditeurs. »

Comme il est tout simplement dit « il expira », nous pouvons en déduire qu'il n'était pas sauvé. Au contraire, Étienne était un homme d'esprit qui avait obéi à la volonté de Dieu. Il avait un amour assez grand pour prier pour ceux qui le lapidaient. Il a remis son « esprit » entre les mains du Seigneur quand il a été assassiné.

Actes 7:59 affirme : « Et ils lapidaient Etienne, qui priait et disait: Seigneur Jésus, reçois mon esprit! » Il a reçu l'Esprit Saint en acceptant Jésus Christ et son esprit a été ranimé, et c'est ainsi qu'il a pu prier : « ... reçois mon esprit! ». Cela signifie qu'il a été sauvé. Il y a un verset qui utilise simplement le terme « vie » au lieu d'« âme » ou d'« esprit ». Quand Élie a ressuscité l'enfant de la veuve de Sarepta, il est dit que la vie de l'enfant est revenue. « L'Eternel écouta la voix d'Elie, et l'âme de l'enfant revint au-dedans de lui, et il fut rendu à la vie » (1 Rois 17:22).

Comme on l'a mentionné, à l'époque de l'Ancien Testament, les gens n'avaient pas reçu l'Esprit Saint, et leur esprit ne pouvait pas être ranimé. Ainsi, ici la Bible ne n'utilise pas le terme « l'esprit » même si l'enfant a été sauvé.

Pourquoi Dieu commande-t-Il de détruire tous les Amalécites ?

Quand les fils d'Israël sont sortis d'Égypte et se dirigeaient vers Canaan, l'armée des Amalécites se trouvait sur leur chemin. Ils ne craignaient pas Dieu qui était avec les fils d'Israël, même après avoir entendu parler des grandes œuvres de Dieu manifestées en Égypte. Ils ont attaqué les fils d'Israël par derrière car les retardataires étaient les personnes qui étaient lasses et épuisées (Deutéronome 25:17-18).

C'est à cause de cela que Dieu a commandé au roi Saül de

détruire tous les Amalécites (1 Samuel chapitre15). Dieu lui avait ordonné de tuer tous les hommes, femmes et enfants, jeunes et vieux, et même le bétail.

Si nous ne comprenons pas ce qui concerne l'esprit, nous ne pouvons pas comprendre un tel ordre. On peut alors se demander : « Dieu est bon et amour. Pourquoi ordonnerait-Il de tuer si cruellement des gens comme si il s'agissait d'animaux ? »

Mais si vous comprenez l'importance spirituelle de cet incident, vous pouvez alors comprendre les raisons de l'ordre de Dieu. Les animaux aussi ont un pouvoir de mémoire, de sorte que quand ils sont formés ils se souviennent et obéissent à leurs maîtres. Mais parce qu'ils n'ont pas d'esprit, ils vont redevenir une poignée de poussière. Ils ne sont d'aucune valeur aux yeux de Dieu. De même, ceux dont les esprits sont morts et qui ne peuvent pas être sauvés descendront en l'enfer et, comme des animaux sans esprit, ils ne sont d'aucune valeur pour Dieu.

Les Amalécites étaient particulièrement rusés et cruels. Peu importe combien de temps leur aurait été donné, il n'y aurait pas eu plus de chance qu'ils changent ou se repentent. Si quelqu'un avait été juste ou avait la possibilité de se repentir ou de changer de voie, Dieu aurait essayé de les sauver par tous les moyens. Rappelez-vous la promesse de Dieu qu'Il ne détruirait pas Sodome et de Gomorrhe remplies péchés s'il n'y avait ne serait-ce que dix justes dans ces villes.

Dieu est plein de miséricorde et lent à la colère. Mais pour ce qui était des Amalécites, ils n'avaient aucune chance de recevoir le salut peu importe combien de temps leur était donné. Ils n'étaient pas du blé, mais de l'ivraie qui serait voué à la destruction. C'est pourquoi Dieu a commandé de détruire tous les Amalécites qui avaient lutté contre Dieu.

Ecclésiaste 3:18 dit : « J'ai dit en mon cœur, au sujet des fils de l'homme, que Dieu les éprouverait, et qu'eux-mêmes verraient qu'ils ne sont que des bêtes. » Lorsque Dieu les as éprouvé, il en est résulté qu'ils n'étaient pas différents des animaux. Ceux qui ont des esprits morts ne fonctionnent uniquement qu'avec l'âme et le corps, de sorte qu'ils agissent exactement comme des animaux. Bien sûr, dans le monde rempli de péché d'aujourd'hui, beaucoup de gens sont encore pire que les animaux. Il est évident qu'ils ne peuvent pas être sauvés. D'ailleurs, si les animaux meurent et périssent tout simplement, les êtres humains qui ne sont pas sauvés, eux, vont en enfer. Leur fin est donc pire que celle des animaux.

2. Divers fonctionnements de l'âme dans un espace physique

Dans l'homme originel, l'esprit était le maître de l'homme, mais à cause du péché d'Adam, son esprit est mort. L'énergie spirituelle a commencé à fuir, et l'énergie charnelle l'a remplacé. Depuis, un fonctionnement de l'âme de l'ordre du mensonge a commencé.

Il existe deux types de fonctionnements de l'âme : l'un appartient à chair et l'autre à l'esprit. Quand Adam était un esprit vivant, il n'était instruit que dans la vérité qui venait directement de Dieu. De cette façon, il n'avait uniquement que des fonctionnements de l'âme appartenant à l'esprit. Autrement dit, les fonctionnements de son âme appartenaient à la vérité. Mais lorsque son esprit est mort, des fonctionnements de l'âme appartenant au mensonge ont commencé.

Luc 4:6 dit : « Et [le diable] lui dit: Je te donnerai toute cette puissance, et la gloire de ces royaumes; car elle m'a été donnée, et je la donne à qui je veux. » C'est une scène où diable tente Jésus. Le diable dit ici que l'autorité lui avait été donnée, et non pas qu'il l'avait depuis le début. Adam a été créé comme seigneur de toutes les créatures, mais il est devenu esclave du diable car il a obéi au péché. C'est pour cette raison, l'autorité d'Adam a été donnée au diable et Satan. Depuis, l'âme est devenue maître des hommes et tous les hommes sont tombés sont la domination de l'ennemi le diable et Satan.

Satan ne peut pas régner sur l'esprit ou le cœur humain rempli de vérité. Il contrôle l'âme des hommes afin de leur prendre leur cœur. Satan place toutes sortes de mensonges dans les pensées des hommes. Dans la mesure où il capture les fonctionnements de l'âme des hommes, il peut aussi contrôler le cœur des hommes.

Lorsqu'Adam était un esprit vivant, il n'avait que la connaissance de la vérité, et donc son cœur lui-même était son esprit. Mais étant donné que la communication avec Dieu a été rompue, il n'a plus pu recevoir la connaissance de la vérité ou l'énergie spirituelle. Au lieu de cela, il en est venu à accepter la connaissance du mensonge qui nous a été donnée par Satan au travers de l'âme. Cette connaissance du mensonge a fini par former le cœur de mensonge dans les cœurs des hommes.

Détruire le fonctionnement d'âme appartenant à chair

Avez-vous déjà crûment dit certains mots ou fait quelque chose que vous n'auriez jamais pensé dire ou faire ? Cela est dû au fait que les hommes sont contrôlés par l'âme. Parce que l'âme recouvre l'esprit, notre esprit ne peut être actif que lorsque l'on brise les fonctionnements de l'âme qui appartiennent à la chair. Alors, comment briser les opérations de l'âme appartenant à chair ? La chose la plus importante est que nous devons reconnaître que nos connaissances et nos idées ne sont pas bonnes. Seulement alors pouvons-nous être prêts à accepter la Parole de vérité, qui est différente de nos propres idées.

Jésus a utilisé des paraboles pour contrecarrer les idées fausses des hommes (Matthieu 13:34). Ils ne pouvaient pas comprendre les choses spirituelles parce que leur semence de vie était étouffée par l'âme, Jésus a donc essayé de les leur faire comprendre au travers de paraboles tirées de la vie ce monde. Mais ni les pharisiens ni Ses disciples ne Le comprenaient. Ils interprétaient tout selon la norme de leurs idées fixes et de leurs pensées charnelles de mensonge et ne pouvaient donc pas comprendre les choses spirituelles.

Les légalistes de l'époque condamnaient Jésus pour la guérison d'un homme malade le jour du Sabbat. Si vous réfléchissez avec un peu de bon sens commun, vous pourrez voir que Jésus est un homme reconnu et aimé de Dieu car Il a manifesté la puissance que Dieu seul pouvait manifester. Mais ces légalistes ne pouvaient pas comprendre le cœur de Dieu à cause des traditions des anciens et de leurs cadres mentaux. Jésus a essayé de leur faire comprendre leurs fausses idées et auto-conceptualisations.

Luc 13:15-16 dit : « Hypocrites! lui répondit le Seigneur, est-ce que chacun de vous, le jour du sabbat, ne détache pas de la crèche son bœuf ou son âne, pour le mener boire ? Et cette femme, qui est une fille d'Abraham, et que Satan tenait liée depuis dix-huit ans, ne fallait-il pas la délivrer de cette chaîne le jour du sabbat ? »

Comme Il parlait ainsi, tous Ses adversaires étaient humiliés et toute la foule se réjouissait de toutes les choses glorieuses qu'Il accomplissait. En fait, ils avaient une opportunité de prendre conscience de leurs cadres mentaux faussés. Jésus tentait de démolir les pensées des hommes car ils ne pourraient ouvrir leur cœur que lorsque leurs pensées seraient brisées.

Penchons-nous sur Apocalypse 3:20 qui déclare ce qui suit :

Voici, je me tiens à la porte, et je frappe. Si quelqu'un entend ma voix et ouvre la porte, j'entrerai chez lui, je souperai avec lui, et lui avec moi.

Dans ce verset, la « porte » symbolise la porte de la pensée, à savoir « l'âme ». Le Seigneur frappe à la porte de nos pensées avec la Parole de la vérité. Á ce moment-là, si nous ouvrons la porte de nos pensées, à savoir si nous brisons notre âme et acceptons la Parole du Seigneur, la porte de notre cœur sera ouverte. Ainsi, lorsque Sa Parole vient dans notre cœur, nous commençons à mettre en pratique la Parole de Dieu. C'est cela « souper » avec le Seigneur. Si nous acceptons simplement Sa Parole avec un « amen », même si Sa Parole n'est pas en accord avec nos pensées ou théories, nous pouvons briser les fonctionnements mensongers de l'âme.

Comme nous l'avons expliqué, nous devons d'abord ouvrir la porte de nos pensées, puis la porte de notre cœur, pour que l'Évangile puisse atteindre la semence de la vie, qui est recouverte par l'âme des hommes. Cela ressemble beaucoup à un visiteur dans une maison. Pour que le visiteur qui est en dehors de la maison rencontre l'hôte, il faut qu'il ouvre la porte principale, entre dans la maison, et ouvre également la porte du porche pour arriver à la salle de séjour.

Il existe de nombreuses façons de détruire les fonctionnements de l'âme qui appartiennent à la chair. Pour qu'elles ouvrent la porte de leurs pensées et de leur cœur à l'Évangile, il faut donner à certaines personnes des explications logiques alors que, pour d'autres, il sera préférable de leur démontrer la puissance de Dieu ou de leur donner de bonnes allégories ou paraboles. Par ailleurs, même ceux qui ont déjà accepté l'Évangile ont constamment besoin de briser les opérations mensongères de l'âme pour pouvoir grandir dans la foi. De nombreux croyants ne continuent pas de croître dans la foi et l'esprit. Cela est dû au fait qu'ils ne connaissent pas de succès spirituels de façon continue en raison de leurs fonctionnements d'âme appartenant à chair.

La formation des souvenirs

Pour avoir des fonctionnements d'âme désirables, nous avons besoin de savoir comment la connaissance entrée est stockée comme souvenir. Parfois, nous sommes certaines d'avoir vu ou entendu quelque chose pour plus tard nous souvenir à peine de quoi que ce soit à ce sujet. D'autres fois, nous nous souvenons d'évènements de façon si claire que nous ne les oublions pas, même après un long laps de temps. Cette différence provient de la méthode utilisée pour stocker les évènements dans notre système de mémoire.

La première méthode d'entrée dans la mémoire est simplement en remarquant quelque chose par inadvertance. Nous voyons ou entendons quelque chose, mais nous n'y faisons pas du tout attention. Supposons que vous retourniez à votre ville natale en train. Vous pouvez voir les champs de blé et d'autres plantes. Mais si vous êtes préoccupé par d'autres pensées, après être arrivé dans votre ville natale vous ne pourrez pas vraiment vous rappeler de ce que vous avez vu durant le trajet en train. Et si des étudiants rêvent en classe, ils ne peuvent pas se rappeler de ce que le professeur a expliqué.

Deuxièmement, il y a la mémoire fortuite. Lorsque vous voyez les champs de blé par la fenêtre, vous pouvez faire le lien avec vos parents. Vous pensez à votre père en train de travailler à la ferme, et, plus tard, vous pouvez vous rappelez vaguement de ce que vous avez vu. C'est ainsi que dans une classe, des élèves peuvent seulement se souvenir que de façon fortuite de ce que l'enseignant est en train de dire. Juste après la classe, ils peuvent se souvenir de ce qu'ils ont entendu, mais ils vont oublier quelques jours plus tard.

Troisièmement, il s'agit de la mémoire implantée. Si vous êtes agriculteur, en voyant les champs de blé et autres, votre attention se portera à ce que vous voyez. Vous observerez soigneusement si les champs sont bien pris en charge, ou comment les serres sont construites, et vous voudrez appliquer certaines idées à votre propre affaire agricole. Vous y ferez attention et implanterez ces informations convenablement dans votre cerveau afin de pouvoir vous rappeler des détails même après être arrivé dans votre ville natale. C'est ainsi que, dans une classe, si le professeur annonce

: « Nous allons avoir un test directement après cette leçon. Vous perdrez cinq points pour chaque mauvaise réponse », les étudiants vont probablement essayer de se concentrer et de se souvenir de ce qui est enseigné en classe. Ce genre de mémoire reste stocké relativement plus longtemps que les deux autres.

Quatrièmement, il s'agit de la mémoire stockée à la fois dans le cerveau et dans le cœur. Supposons que vous soyez en train de regarder un film tragique. Vous vous identifiez au personnage principal et vous vous plongez dans l'histoire au point même de beaucoup pleurer. Dans ce cas, l'histoire ne sera pas stockée uniquement dans votre mémoire, mais également dans votre cœur. À savoir, elle est stockée avec des sentiments de cœur ainsi qu'avec la mémoire de votre cerveau. Les choses qui sont profondément intégrées aussi bien dans la mémoire et le cœur ne s'oublient jamais à moins que les cellules du cerveau ne deviennent endommagées. Cependant, même si le cerveau est endommagé, ce qui est dans le cœur demeure.

Si un jeune enfant voyait sa propre mère être tuée dans un accident de circulation, quel choque ce serait ! Dans ce cas, la scène et les sentiments douloureux seront stockés dans son cœur. L'évènement sera stocké dans sa mémoire et dans son cœur, et il sera difficile pour lui d'oublier. Nous avons examiné les quatre méthodes de mémorisation. Si nous les comprenons bien, elles nous aideront à contrôler les fonctionnements de l'âme.

Les choses que vous voulez oublier mais dont vous vous rappelez constamment

Il arrive que nous nous rappelions constamment de choses dont nous ne voulons pas nous souvenir. Quelle en est la raison ? La raison est que ces souvenirs sont plantés à la fois dans le cerveau et le cœur et sont associés à des émotions.

Supposons que vous ressentiez de la haine par rapport à quelqu'un. Chaque fois que vous pensez à cette personne, vous souffrez à cause de la haine que vous avez. Dans ce genre de cas, vous devez d'abord penser à la Parole de Dieu. Dieu nous apprend à aimer nos ennemis, et Jésus a prié pour le pardon de ceux qui le crucifiaient. Le genre de cœur que Dieu désire est bonté et amour, de sorte que nous devons nous débarrasser du cœur menteur donné par l'ennemi le diable et Satan.

Dans la plupart des cas, si nous considérons la cause fondamentale du problème, nous nous rendons compte que nous haïssons les autres pour des raisons triviales. Nous pouvons comprendre que nous n'obéissons pas selon la Parole de Dieu si nous nous remettons en question avec 1 Corinthiens chapitre 13, qui dit que nous devons chercher l'intérêt des autres, être doux et compréhensifs par rapport aux autres. Au fur et à mesure que nous nous rendons compte du fait que nous n'agissons pas de façon droite, la haine de notre cœur peut se dissiper. Si nous commençons par ressentir et emmagasiner des pensées de bonté, nous n'aurons pas à souffrir de mauvaises pensées. Même si d'autres font quelque chose que vous n'aimez pas, vous n'éprouverez pas de la haine à leur égard si vous avez emmagasiné des sentiments de bonté en pensant : « Ils doivent avoir une raison. »

Nous devons être conscients de ce qui est stocké avec des mensonges

Que devons-nous donc faire au sujet du mensonge que nous avons déjà stocké avec des sentiments mensongers ?

Si une chose est plantée au plus profond de votre cœur, vous vous en rappellerez même si vous n'essayez pas consciemment d'y penser. Dans ce cas, il faut changer les sentiments liés à cette question. Plutôt que d'essayer de ne pas y penser, modifiez la pensée. Par exemple, vous pouvez changer votre façon de penser à quelqu'un que vous détestez. Vous pouvez commencer à penser de son point de vue et comprendre qu'il pouvait avoir agi comme il l'a fait étant donné sa position.

De plus, vous pouvez également penser à ses qualités et prier pour cette personne. Au fur et à mesure que vous essayez de lui parler avec des mots chaleureux et réconfortants, lui donnez de petits cadeaux et manifestez des actes d'amour, le sentiment de haine se transformera en sentiment d'amour. Puis, vous ne souffrirez plus quand vous penserez à cette personne.

Avant d'accepter le Seigneur, alors que j'étais alité durant sept ans, j'ai détesté de nombreuses personnes. Je n'avais aucun remède et étais privé de tout espoir de vie. Ma dette augmentait et ma famille était presque fauchée. Ma femme devait gagner l'argent et ma famille au sens large ne nous accueillait pas parce que nous étions un fardeau pour eux.

Les bonnes relations avec mes frères étaient également brisées. Á ce moment-là, je ne pensais qu'à ma situation difficile et je n'appréciais pas leur façon de me rejeter. Je tenais rancune contre mon épouse qui a plusieurs fois fait ses bagages et est partie et les membres de sa famille me faisaient mal avec leurs paroles dures. Chaque fois que je les voyais me regarder avec des yeux outragés, ma haine et mon ressentiment grandissaient encore plus. Mais, un jour, toute cette rancune et cette haine sont partie.

Lorsque j'ai accepté le Seigneur et ai écouté la Parole de Dieu, j'ai réalisé mon erreur. Dieu nous apprend à aimer nos ennemis et a donné Son Fils unique comme un sacrifice d'expiation pour nous. Alors, qui étais-je, moi, pour éprouver du ressentiment et de la rancune ? J'ai commencé à penser de leur point de vue. Supposons que j'avais une sœur, qu'elle ait rencontré un mari incompétent et qu'elle doive travailler dur pour gagner l'argent. Qu'est-ce que je penserais de cette situation ? Lorsque j'ai commencé à penser de leur point de vue, je les comprenais et je me suis rendu compte que tout le blâme était à cause de moi.

En changeant ma façon de penser, je suis devenu reconnaissant pour ma femme et les membres de la famille. Parfois, ils nous donnaient un peu de riz ou d'autres biens de première nécessité, et j'étais reconnaissant pour cela. C'est ainsi que, par l'intermédiaire de ces moments difficiles, j'en suis venu à accepter le Seigneur, et à entendre parler du ciel, et j'étais donc reconnaissant pour cela également. Comme je changeais ma façon de penser, j'étais reconnaissant d'être tombé malade et d'avoir rencontré ma femme. Toute ma haine s'est transformée en amour.

Fonctionnements de l'âme appartenant au mensonge

Si vous avez des fonctionnements d'âme appartenant au mensonge, cela peut nuire non seulement à vous-même mais également aux gens qui vous entourent. Voyons donc à présent les cas habituels de fonctionnements de l'âme appartenant au mensonge et que l'on peut facilement retrouver dans notre vie quotidienne.

Premièrement, ne pas comprendre les autres et être même incapable de les comprendre ou de les accepter.

Les gens développent différents goûts, valeurs et rationalisations de ce qui est juste. Certaines personnes aiment les designs uniques et brillants pour leurs vêtements, tandis que d'autres préfèrent être simples et soignés. Même si elles regardent le même film, certaines personnes le trouveront intéressant tandis que d'autres le trouveront ennuyeux.

En raison de ces différences, nous en arrivons à avoir certains types de sentiments inconfortables par rapport aux autres qui sont très différents de nous et ce sans même nous en rendre compte. Une personne peut avoir une personnalité ouverte et extravertie, et parle ouvertement de ses goûts. Une autre personne n'exprime pas très bien ses sentiments et il faut beaucoup de temps pour décider quelque chose, parce qu'elle pense à toutes les possibilités en détail. Pour la première personne, la dernière semble lente ou pas assez flexible. Mais cette dernière trouve la première personne trop téméraire et un peu agressive et préfère l'éviter.

Comme dans notre exemple, ne pas pouvoir comprendre ou accepter les autres est un fonctionnement de l'âme mensonger. Si nous aimons uniquement ce qui est selon nos goûts personnels, et si nous pensons qu'à ce qui semble être juste de notre point de vue, alors nous ne pouvons pas vraiment comprendre ou accepter les autres.

Deuxième, le fait de passer un jugement.

Juger consiste à tirer une conclusion à propos d'une personne ou d'une chose en fonction de nos propres cadres de pensées ou de sentiments. Dans certains pays, il est impoli de moucher son nez à table. Dans certains autres pays, cela est tout à fait acceptable. Dans certains pays, il est estimé impoli de laisser de la nourriture dans l'assiette, alors que dans d'autres pays cela est acceptable, voire même un geste de politesse.

Une personne qui en voit une autre manger avec ses mains lui a demandé s'il n'était pas antihygiénique de manger avec les mains. La personne a répondu : « Je me lave les mains, et je sais donc qu'elles sont propres. Mais je ne sais pas à quel point cette fourchette ou ce couteau sont propres. Donc, le fait d'utiliser mes mains est plus hygiénique. » En fonction du type d'environnements dans lequel nous grandissons et des sortes de choses que nous avons apprises, les sentiments et les pensées sont différentes, même si la situation reste la même. Par conséquent, nous ne devons pas juger entre le bien et le mal selon les normes humaines, qui ne sont pas la vérité.

Certains émettent des jugements en pensant que d'autres feraient la même chose qu'eux. Ceux qui mentent pensent que les autres font de même. Ceux qui aiment répandre des commérages pensent que les autres font de même.

Supposons que vous voyiez devant un hôtel un homme et une femme que vous connaissez bien. Vous pouvez ensuite passer un jugement et penser : « Ils doivent être allés à l'hôtel ensemble. J'ai eu l'impression qu'ils se regardaient l'un l'autre d'une façon particulière. »

Mais il n'y a pas moyen de savoir si l'homme et la femme avaient simplement une conversation au café de l'hôtel ou se sont rencontrés par hasard dans la rue. Si vous décidez de passer jugement et de les condamner puis propagez une telle chose à d'autres, ces personnes risquent de souffrir d'une grande injustice, d'inconvénients et de dommages à cause de cette fausse rumeur.

Les jugements donnent également lieu à des réponses inadaptées. Si vous demandez à une personne qui arrive souvent tard au travail : « A quelle heure est-ce que vous êtes venus aujourd'hui ? », la personne pourrait répondre : « Je n'étais pas en retard aujourd'hui. » Vous étiez peut-être tout simplement en train de lui demander à quelle heure il était arrivé, mais il a présomptueusement pensé que vous émettiez un jugement à son égard et il a donné une réponse totalement inadéquate.

1 Corinthiens 4:5 déclare : « C'est pourquoi ne jugez de rien avant le temps, jusqu'à ce que vienne le Seigneur, qui mettra en lumière ce qui est caché dans les ténèbres, et qui manifestera les desseins des cœurs. Alors chacun recevra de Dieu la louange qui lui sera due. »

Il y a tant de jugements et de condamnations dans le monde, et non seulement au niveau individuel mais également au niveau des familles, des sociétés, de la politique, et même des pays. Une telle méchanceté ne provoque que des conflits et apporte le malheur. Les gens vivent en jugeant constamment mais ne le réalisent même pas. Bien sûr, leurs jugements peuvent parfois être corrects, mais dans la plupart des cas ils ne le sont pas. Même s'ils ont raison, le jugement en soi est un mal et est interdit par Dieu, et donc nous ne devons pas juger.

Troisièmement, le fait de condamner.

Non seulement les gens jugent les autres selon leurs propres pensées, mais ils les condamnent également. Certaines personnes souffrent de douleurs mentales immenses à la suite de commentaires hostiles à leur sujet postés sur le web. Le jugement et la condamnation ont souvent lieu dans notre vie quotidienne. Si une personne vous croise sans vous dire bonjour, vous pouvez la condamner en la considérant coupable de vous avoir intentionnellement ignoré. Peut-être ne vous a-t-elle pas reconnu ou est-elle préoccupée par d'autres pensées, mais vous la condamnez avec vos propres sentiments.

C'est pourquoi Jacques 4:11-12 nous prévient :

> Ne parlez point mal les uns des autres, frères. Celui qui parle mal d'un frère, ou qui juge son frère, parle mal de la loi et juge la loi. Or, si tu juges la loi, tu n'es pas observateur de la loi, mais tu en es juge. Un seul est législateur et juge, c'est celui qui peut sauver et perdre ; mais toi, qui es-tu, qui juges le prochain ?

Juger ou condamner les autres démontre l'arrogance d'agir comme si on se prenait pour Dieu. Ces gens se sont déjà condamnés eux-mêmes. Juger ou condamner des choses spirituelles est un problème encore plus grave. Certaines personnes jugent et condamnent les puissantes œuvres de Dieu ou la providence de Dieu dans leurs cadres mentaux et leurs connaissances.

Si quelqu'un dit : « J'ai été guéri d'une maladie incurable par la prière ! », ceux qui sont bien-intentionnés vont le croire. Mais, certains autres, jugeront de ce qui a été dit et penseront : « Comment une maladie peut-elle être guérie rien que par la prière ? Il doit avoir été mal diagnostiqué ou il ne fait que de penser qu'il va mieux. » D'autres peuvent même condamner la personne en lui disant que ce qu'elle dit est un mensonge. Ils portent un jugement et une condamnation même sur les passages de la Bible qui parlent de la traversée de la mer Rouge, du soleil et de la lune arrêtés dans leur course ou de l'eau amère transformée en eau sucrée, disant qu'il ne s'agit que de simples mythes.

Certaines personnes disent croire en Dieu mais jugent et condamnent encore les œuvres de l'Esprit Saint. Si une personne dit que ses yeux spirituels ont été ouverts, de sorte qu'elle peut voir le royaume spirituel ou communiquer avec Dieu, les autres répondent témérairement qu'il est dans l'erreur et l'accusent de mysticisme. De telles œuvres sont clairement rapportées dans la Bible, mais ils condamnent ces choses sur base de leurs convictions personnelles.

Il y avait beaucoup de gens comme cela à l'époque de Jésus. Quand Jésus a guéri les malades le jour du sabbat, ils devraient avoir porté leur attention sur le fait que la puissance de Dieu était manifestée au travers de Jésus. Si elles n'étaient pas conformes à la volonté de Dieu, de telles œuvres n'auraient pas pu avoir lieu au travers de Jésus pour commencer. Mais les Pharisiens jugeaient et condamnaient Jésus, le Fils de Dieu, sur base de leurs auto-conceptualisations et de leurs cadres mentaux. Si vous jugez et condamnez les œuvres de Dieu uniquement parce que vous ne connaissez pas bien la vérité, cela n'en reste pas moins un grave péché. Vous devez être très prudent parce que vous n'aurez pas l'occasion de vous repentir si vous vous opposez à, parlez contre, ou blasphémez l'Esprit Saint.

Le quatrième fonctionnement mensonger de l'âme consiste à délivrer un message incorrect ou erroné.

Lorsque rapportons un message, nous avons tendance à inclure nos propres sentiments et pensées et le message en est donc déformé. Même si nous délivrons exactement le même message, le sens d'origine peut être modifié selon les expressions du visage et le ton de la voix. Par exemple, si nous interpelons quelqu'un avec le simple mot « Salut ! », par exemple, d'une voix douce et sympathique ou d'un ton dur et mécontent, le sens en sera complètement différent. En outre, si nous ne pouvons pas délivrer le message avec exactement les mêmes mots mais le rendons avec nos propres mots, la signification originale en est souvent déformée.

Nous pouvons trouver des exemples de cela dans notre vie quotidienne également, comme lorsque nous exagérons ou résumons ce qui a été dit. Parfois, le contexte en est complètement changé. « N'est-ce pas vrai ? » devient « C'est vrai, n'est-ce pas ? » et « Nous avons l'intention de... » ou « On pourrait... » devient « Il semble que nous allons ... »

Mais si nous avons des cœurs vrais, nous ne fausserons pas les faits avec nos propres modes de pensée. Nous serons en mesure de transmettre les messages avec plus de précision si nous nous débarrassons du mauvais cœur et de défauts de caractères tels que la recherche de nos propres intérêts, le fait de pas chercher à être précis, le fait d'être prompt à juger, et le fait de parler mal des autres. Á partir de Jean 21:18, nous retrouvons la Parole du Seigneur Jésus sur le martyre de Pierre. Il dit : « En vérité, en vérité, je te le dis, quand tu étais plus jeune, tu te ceignais toi-même, et tu allais où tu voulais; mais quand tu seras vieux, tu étendras tes mains, et un autre te ceindra, et te mènera où tu ne voudras pas. »

Ensuite, Pierre s'est senti curieux par rapport à Jean et a posé cette question : « Et à celui-ci, Seigneur, que lui arrivera-t-il ? » (v. 21). Alors, Jésus a répondu : « Si je veux qu'il demeure jusqu'à ce que je vienne, que t'importe? Toi, suis-moi. » (v. 22). Comment pensez-vous que ce message a été transmis aux autres disciples ? La Bible dit qu'ils se sont mis à penser que ce disciple ne mourrait pas. Ce que Jésus voulait dire c'est que Pierre n'avait pas à se préoccuper du sort de de Jean, et ce même si Jean devait vivre jusqu'au retour du Seigneur. Mais les disciples ont délivré un message complètement erroné en y ajoutant leurs propres pensées.

Le cinquième fonctionnement mensonger de l'âme concerne les émotions négatives et la rancune

Parce que nous nous avons des sentiments charnels mauvais comme le sentiment de déception, d'être blessés dans notre fierté, de jalousie, le fait de se mettre en colère ou d'avoir l'animosité, nous avons des fonctionnements mensongers de l'âme. Même pour le même mot, notre réaction diffère en fonction de nos sentiments.

Supposons qu'un patron d'une entreprise dise à son employé : « Ne pourriez-vous pas faire un meilleur travail ? », en signalant une erreur. Dans cette situation, certaines personnes prendrait la remarque avec humilité et sourire et diraient : « Oui, je vais essayer de mieux faire la prochaine fois. » Mais ceux qui se plaignent du patron pourraient avoir du ressentiment ou de la rancune à cause de cette remarque. Ils pourraient penser : « Doit-il vraiment parler comme cela ? » ou « Et qu'en est-il de lui-même ? Il ne fait même pas son travail correctement. »

Ou, si le patron vous donne un conseil comme : « Je pense que ce serait mieux si vous corrigiez cette partie de cette manière. », certains d'entre vous vont tout simplement l'accepter et dire : « C'est aussi une bonne idée. Merci du conseil », et tenir compte de ces conseils. Mais certaines personnes dans cette situation se sentent mal à l'aise et leur fierté en est blessée. En raison de ces mauvais sentiments, ils se plaignent parfois et pensent : « J'ai fait ce travail de mon mieux, comment peut-il dire une telle chose si facilement ? S'il est si capable, pourquoi ne le fait-il pas lui-même ? »

Dans la Bible, nous lisons un récit où Jésus réprimande Pierre (Matthieu 16:23). Lorsque le temps de Jésus de faire face à la croix était arrivé, il a expliqué aux disciples ce qui se passerait. Pierre ne voulait pas que son maître souffre tellement et il a dit : « A Dieu ne plaise, Seigneur! Cela ne t'arrivera pas. » (v. 22).

Á ce moment, Jésus n'a pas essayé de le réconforter en disant : « Je sais ce que tu ressens. Je t'en suis reconnaissant. Mais je dois m'en aller. » Au lieu de cela, il l'a menacé en disant : « Arrière de moi, Satan! tu m'es en scandale; car tes pensées ne sont pas les pensées de Dieu, mais celles des hommes. » (v. 23).

Parce que la voie du salut ne pouvait s'ouvrir pour les pécheurs que quand Jésus serait passé par les souffrances de la croix, tenter de l'arrêter reviendrait à tenter de faire obstacle à la providence de Dieu. Mais Pierre n'a pas eu de mauvais sentiments et n'a pas murmuré contre Jésus, parce qu'il croyait que tout ce que Jésus disait avait un certain sens. Avec une telle bonhomie, Pierre est devenu plus tard un apôtre qui a manifesté la puissance extraordinaire de Dieu.

En revanche, qu'est-il arrivé à Judas Iscariote ? En Matthieu 26, Marie de Béthanie a versé un vase de parfum très cher sur Jésus. Judas pensait que c'était du gaspillage. Il a dit : « On aurait pu vendre ce parfum très cher, et en donner le prix aux pauvres. » (v. 9). Mais, en fait, il voulait voler l'argent.

Ici, Jésus loue ce que Marie a fait dans la providence de Dieu qui lui préparait son enterrement. Judas avait de mauvais sentiments et se plaignait de Jésus, parce que celui-ci ne l'avait pas écouté. Finalement, il a commis un grand péché en planifiant de trahir Jésus et de le vendre.

Aujourd'hui, beaucoup de gens ont des fonctionnements de l'âme qui sortent du cadre de la vérité. Mais même lorsque nous voyons quelque chose, nous n'aurons pas de fonctionnement d'âme tant que nous n'aurons pas de sentiments à propos de ce que nous avons vu. Lorsque nous voyons quelque chose, nous devons simplement nous arrêter là. Nous ne devons pas utiliser nos pensées pour porter un jugement et émettre une condamnation, ce qui serait un péché. Pour nous garder dans la vérité, il est préférable de ne rien voir ou entendre de ce qui est mensonger. Toutefois, même si nous entrons en contact avec quoi que ce soit de faux, nous pouvons quand même nous garder dans la bonté si nous pensons et ressentons de la bonté.

3. Les ténèbres

Satan a la même puissance de ténèbres que Lucifer et incite les gens à avoir de mauvaises pensées et de mauvais cœur et à agir pour le mal.

En effet, les esprits maléfiques sont pour nous la cause des fonctionnements de l'âme appartenant au mensonge. L'existence du monde des esprits du mal a été autorisée par Dieu pour accomplir la providence de la culture humaine. Ils ont l'autorité sur l'air tant que la culture de l'humanité est en cours. Éphésiens 2:2 dit : «…dans lesquels vous marchiez autrefois, selon le train de ce monde, selon le prince de la puissance de l'air, de l'esprit qui agit maintenant dans les fils de la rébellion. »

Dieu leur a permis de réguler le débit d'obscurité jusqu'au temps où Dieu mettra un terme à la culture humaine.

Ces esprits maléfiques appartenant aux ténèbres trompent les gens pour les pousser à commettre des péchés et à s'opposer à Dieu. Ils ont également des ordres stricts. Á leur tête, Lucifer contrôle les ténèbres, donne des ordres et contrôle les esprits maléfiques subordonnés. Il y a beaucoup d'autres êtres qui aident Lucifer. Il s'agit des dragons, qui ont pratiquement la même puissance que les anges (Voir Apocalypse 12:7). Il y a également Satan, le diable et les démons.

Lucifer, la tête du monde des ténèbres

Lucifer était un archange qui louait Dieu d'une belle voix et des instruments de musique. Comme il jouissait d'une position élevée et d'autorité et était aimé par Dieu depuis très longtemps, il est finalement devenu arrogant et a trahi Dieu. À ce moment-là, sa belle apparence est devenue hideuse. Ésaïe 14:12 nous dit donc : « Te voilà tombé du ciel, astre brillant, fils de l'aurore! Tu es abattu à terre, toi, le vainqueur des nations! »

Aujourd'hui, sans s'en rendre compte, les gens ressemblent aux apparences de Lucifer avec leurs styles de coiffure et leur maquillage extraordinaire. Au travers des tendances et modes de ce monde, Lucifer contrôle les esprits et les pensées des gens comme il le veut. En particulier, Lucifer exerce une grande influence sur la musique du monde.

Il incite également les gens au péché et à l'iniquité grâce aux commodités modernes, y compris les ordinateurs. Il trompe les dirigeants méchants pour qu'ils s'opposent à Dieu. Certains pays persécutent officiellement le christianisme. Tout ceci est fait par la motivation et à l'instigation de Lucifer.

En outre, Lucifer influence les gens par diverses formes de rituels et de magie, et séduit les chamans ou magiciens à lui rendre un culte. Il fait tout ce qu'il peut pour diriger ne serait-ce qu'une âme vers l'enfer et amener les gens à s'opposer à Dieu.

Les dragons et leurs anges

Les dragons fonctionnement comme les dirigeants des mauvais esprits soumis à Lucifer. Les gens pensent que le dragon est un animal imaginaire. Cependant, les dragons existent dans le monde des esprits du mal, mais ils sont invisibles car ce sont des êtres spirituels. Comme dans la plupart des descriptions populaires des dragons, ils ont les cornes du cerf, les yeux des démons et des oreilles similaires à celles des bovins. Ils ont des écailles sur la peau et quatre jambes. Ils sont un peu comme de gigantesques reptiles.

Les dragons de l'époque de la création avaient de longues, belles et splendides plumes. Ils entouraient le trône de Dieu. Ils étaient aimés de Dieu comme des animaux de compagnie et demeuraient près de Dieu. Ils avaient un grand pouvoir et une grande autorité et de nombreux chérubins leur étaient subordonnés. Mais quand ils ont trahi Dieu avec Lucifer, leurs anges sont également devenus corrompus et ils s'opposent également à Dieu. Ces anges des dragons ont maintenant également des apparences hideuses d'animaux. Ils ont la puissance de l'air avec les dragons et conduisent les gens vers le péché et le mal.

Bien sûr, Lucifer est au sommet du monde des esprits du mal, mais dans un sens pratique, il a donné l'autorité aux dragons et à leurs anges pour lutter contre les êtres spirituels qui appartiennent à Dieu et régner sur l'air. Depuis longtemps, les dragons ont incité les gens à faire ou à sculpter des images et motifs de dragons pour permettre aux gens de leur vouer un culte. Aujourd'hui, les adeptes de certaines religions idolâtrent ouvertement les dragons, se prosternent devant eux, et sont contrôlés par les dragons.

Apocalypse 12:7-9 parle des dragons et de leurs anges comme suit :

> Et il y eut guerre dans le ciel. Michel et ses anges combattirent contre le dragon. Et le dragon et ses anges combattirent, mais ils ne furent pas les plus forts, et leur place ne fut plus trouvée dans le ciel. Et il fut précipité, le grand dragon, le serpent ancien, appelé le diable et Satan, celui qui séduit toute la terre, il fut précipité sur la terre, et ses anges furent précipités avec lui.

Les dragons maléfiques incitent les gens au travers de leurs anges. Ces mauvaises personnes ne se retiennent même pas lorsqu'il s'agit de commettre des crimes aussi odieux que le meurtre ou la traite des êtres humains. Les anges des dragons ont des formes d'animaux qui sont mentionnés dans le livre du Lévitique comme étant en abomination à Dieu. Le mal sera révélé en différentes formes selon le type d'animal, car chaque animal possède un caractère différent, comme l'atrocité, la ruse, la souillure ou la promiscuité.

Lucifer travaille par l'intermédiaire des dragons, et les anges des dragons opèrent en fonction des ordres donnés par les dragons. En comparaison avec un pays, Lucifer est comme le roi et les dragons sont comme le premier ministre ou le commandant en chef de l'armée qui pratique un contrôle administratif sur les ministres et les soldats. Quand les dragons sont en action, ils ne reçoivent pas toujours directement d'ordre de Lucifer. Lucifer a déjà planté ses pensées et son esprit dans les dragons, et donc si les dragons font quoi que ce soit, cela est automatiquement conforme aux désirs de Lucifer.

Satan a le cœur et la puissance de Lucifer

Les mauvais esprits peuvent influencer les gens dans la mesure où leurs cœurs sont tachés par l'obscurité, mais les démons ou le diable ne provoquent pas les gens depuis le début. Tout d'abord, c'est Satan qui agit sur les gens, puis vient le diable, et, enfin, les démons. Plus simplement, Satan est le cœur de Lucifer. Il n'a pas de forme substantielle et, pourtant, il agit tout simplement via les pensées des hommes. Satan a la même puissance de ténèbres que Lucifer et il inspire aux gens de mauvaises pensées et leur donne un esprit qui les pousse à commettre des actes maléfiques.

Comme Satan est un être spirituel (Job 1: 6-7), il travaille de différentes façons en fonction des diverses caractéristiques de ténèbres des personnes. Avec ceux qui mentent, il travaille avec un esprit de mensonge (1 Rois 22:21 -23). Avec ceux qui aiment causer des disputes en opposant une partie à une autre, il fonctionne avec un esprit de disputes (1 Jean 4:6). Pour ceux qui aiment les œuvres souillées de la chair, il travaille avec un esprit impur (Apocalypse 18:2).

Comme expliqué, Lucifer, les dragons et Satan ont des rôles et des formes différents, mais ils ont tous un esprit, une pensée et un pouvoir pour pratiquer le mal. Maintenant, voyons comment Satan opère sur les gens.

Satan est comme une onde radio qui se propage dans l'air. Il répand en permanence son esprit et sa puissance au travers de l'air. Et, tout comme une onde radio peut être reçue par une antenne adaptée pour la recevoir, l'esprit, les pensées et la puissance des ténèbres de Satan peuvent être reçus par ceux qui sont prêts à les accepter. Dans ce cas, l'antenne, c'est le mensonge, les ténèbres qui sont dans le cœur des hommes.

Par exemple, la nature de la haine dans le cœur peut agir en tant qu'antenne pour recevoir l'onde radio de la haine que Satan propage dans l'air. Satan plante la puissance des ténèbres dans les hommes au travers des pensées des hommes dès que l'onde radio des ténèbres créée par Satan et les mensonges du cœur des hommes ont la même fréquence et se rencontrent. Par ce biais, le cœur de mensonge est renforcé et devient actif. C'est à ce moment que nous disons qu'une personne « reçoit l'œuvre de Satan » ou qu'elle entend la voix de Satan.

Tant qu'ils entendent la voix de Satan de cette façon, les gens commettront des péchés en pensées et, de plus, ils commettront des péchés en action. Lorsque des natures mauvaises telles que la haine ou l'envie reçoivent les œuvres de Satan, elles veulent nuire à autrui. Lorsque ce processus se développe encore, elles peuvent même commettre le péché du meurtre.

Satan opère au niveau de la porte d'accès qu'est la pensée

Les hommes ont des cœurs de vérité et de mensonge. Lorsque nous acceptons Jésus-Christ et devenons des enfants de Dieu, l'Esprit Saint vient dans notre cœur et agit dans notre cœur de vérité. Cela signifie que nous devons entendre la voix de l'Esprit Saint au fond de nos cœurs. Satan, en revanche, travaille de l'extérieur, et donc il lui faut un passage pour pénétrer dans le cœur des hommes. Ce passage est la pensée des hommes.

Les hommes acceptent ce qu'ils voient, entendent et apprennent ainsi que les sentiments et les stockent dans leur cœur et leur esprit. Dans la situation ou les circonstances adéquates, ces souvenirs refont surface. C'est ce que l'on appelle « la pensée ». Les pensées sont différentes selon le genre de sentiments que vous aviez lorsque vous avez stocké un évènement dans votre mémoire. Même dans la même situation, certaines personnes ne gardent uniquement que des souvenirs conformes à la vérité et ont des pensées vraies, tandis d'autres stockent dans le mensonge et auront des pensées de mensonge.

La plupart des gens ne reçoivent pas un enseignement conforme à la vérité qui est la Parole de Dieu. C'est pourquoi ils ont beaucoup plus de mensonges que de vérités dans leur cœur. Satan motive et incite les gens à avoir des pensées de mensonge. Celles-ci sont connues sous le nom de « pensées charnels ». Lorsque les gens reçoivent les œuvres de Satan, ils ne peuvent pas obéir à la loi de Dieu. Ils sont réduits à l'esclavage du péché et finissent par atteindre la mort (Romains 6:16, 8:6-7).

Comment Satan gagne-t-il le contrôle sur le cœur des hommes ?

Généralement, Satan travaille depuis l'extérieur par le biais du passage que sont les pensées des hommes, mais il y a des exceptions. Par exemple, la Bible dit que Satan est entré en Judas Iscariote, l'un des douze disciples du Seigneur Jésus. Ici, l'expression Satan « est entré en lui » signifie qu'il a accepté de façon continuelle les œuvres de Satan et a finalement donné tout son cœur à Satan. C'est ainsi qu'il a été complètement capturé par Satan.

Judas Iscariote a connu l'incroyable puissance de Dieu et, alors qu'il suivait Jésus, a été enseigné avec bonté, mais comme il n'avait pas rejeté son avidité, il volait l'argent de Dieu de la bourse des disciples (Jean 12:6).

Il a également eu la cupidité de chercher à gagner un grand honneur et un grand pouvoir lorsque le Messie, Jésus, accéderait au trône sur cette terre. Mais la réalité a été différente de ce qu'il attendait, donc, une par une, il a laissé ses pensées tomber au pouvoir de Satan. Finalement, tout son cœur a été capturé par Satan et il a vendu son maître pour trente pièces d'argent. Nous disons que Satan est entré en quelqu'un lorsqu'il exerce un plein contrôle sur le cœur de l'individu.

En Actes 5:3, Pierre a dit que les cœurs d'Ananias et de Sapphira étaient remplis de Satan, qu'ils ont caché une partie de l'argent qu'ils avaient reçu suite à la vente de leurs terres et ont menti à l'Esprit Saint.

Pierre a dit cela parce qu'il y avait précédemment eu de nombreuses occasions similaires. Par conséquent, les expressions « Satan est entré » ou « rempli de Satan » signifient que ces personnes ont Satan lui-même dans leur cœur et deviennent elles-mêmes comme Satan. Avec les yeux spirituels, Satan ressemble à un sombre brouillard. L'énergie des ténèbres, qui est comme de la fumée sombre, est autour des gens qui reçoivent les œuvres de Satan dans une grande mesure. Afin de ne pas recevoir les œuvres de Satan nous devons d'abord enrayer toutes les pensées de mensonge. En outre, nous devons nous débarrasser de notre cœur de mensonge. Cela signifie essentiellement que nous devons ôter l'antenne qui peut recevoir la « vague radio » de

Satan.

Diable et démons

Le diable est une partie des anges que se sont corrompus avec Lucifer. Contrairement à Satan, ils ont certaines formes : une sombre figure, le visage, les yeux, le nez, les oreilles et la bouche des anges. Ils ont également des mains et des pieds. Le diable pousse les gens à commettre des péchés et les entraîne vers diverses tentations et épreuves.

Toutefois, cela ne signifie pas que le diable entre dans les gens pour le faire. Selon l'instruction de Satan, le diable contrôle les personnes qui ont donné leur cœur à l'obscurité et fait qu'elles commettent des actes maléfiques inacceptables. Mais, parfois, le diable contrôle directement certaines personnes comme ses instruments. Ceux qui ont vendu leur âme au diable, comme les sorciers ou les magiciens sont contrôlés par le diable pour agir comme instruments du diable. Ils entraînent d'autres personnes à accomplir également les œuvres du diable. Par conséquent, la Bible dit que ceux qui pèchent appartiennent au diable (Jean 8:44, 1 Jean 3:8).

Jean 6:70 affirme : « Jésus leur répondit: N'est-ce pas moi qui vous ai choisis, vous les douze? Et l'un de vous est un démon! » Jésus parlait de Judas Iscariote qui voulait vendre Jésus. Une telle personne qui est devenue l'esclave du péché et n'a rien à voir avec le salut est un fils du diable. Comme Satan est entré en lui et a contrôlé son cœur, Judas a accompli les œuvres du diable, soit vendre Jésus. Le diable est comme un cadre intermédiaire qui reçoit les instructions de Satan et qui, avec l'aide des nombreux démons qu'il contrôle, pousse les gens vers beaucoup de maladies et de souffrances et les amène à tomber de plus en plus dans le mal.

Satan, le diable et les démons fonctionnent en hiérarchie. Ils coopèrent très étroitement. Tout d'abord, Satan travaille sur les pensées de mensonge des hommes pour ouvrir la voie au diable et à son travail. Ensuite, le diable commence à travailler sur les gens pour leur faire commettre des œuvres de la chair et d'autres œuvres du diable. C'est Satan qui agit au travers des pensées et le travail du diable est de faire que les gens mettent ces idées en pratique. En outre, lorsque les actes maléfiques vont au-delà d'une certaine limite, les démons ne tardent pas à entrer dans ces gens. Une fois que les démons entrent dans des personnes, celles-ci perdent leur libre-arbitre et deviennent comme les marionnettes des démons.

La Bible implique que les démons sont des esprits mauvais mais sont différents des anges déchus ou de Lucifer (Psaume 106:28, Ésaïe 8:19, Actes 16:16-19, 1 Corinthiens 10:20). Les démons étaient auparavant des êtres humains qui avaient un esprit, une âme et un corps. Certaines des personnes qui vivent sur cette terre et meurent sans salut reviennent à nouveau dans ce monde sous certaines conditions particulières et ce sont eux les démons. La plupart des gens n'ont pas une compréhension claire du monde des esprits du mal. Mais les esprits maléfiques essayent de prendre ne serait-ce qu'une personne de plus vers le chemin de la destruction avant le dernier jour fixé par Dieu.

C'est la raison pour laquelle 1 Pierre 5:8 déclare : « Soyez sobres, veillez. Votre adversaire, le diable, rôde comme un lion rugissant, cherchant qui il dévorera. » Et Éphésiens 6:12 affirme

: « Car nous n'avons pas à lutter contre la chair et le sang, mais contre les dominations, contre les autorités, contre les princes de ce monde de ténèbres, contre les esprits méchants dans les lieux célestes. »

Nous devons être en état d'alerte et avoir l'esprit sobre en tout temps car nous ne pourrons pas éviter de tomber sur le chemin de la mort si nous vivons selon la direction de la puissance des ténèbres.

Chapitre 2
Le Moi

L'auto-justice se développe lorsque les mensonges du monde nous sont enseignés comme étant la vérité. Lorsque cette auto-justice est confirmée, un cadre mental est créé. Ainsi, un cadre mental est la solidification systématique de l'auto-justice.

Jusqu'à ce que « le Moi » soit formé

L'auto-justice et les cadres mentaux

Avoir des fonctionnements de l'âme appartenant à la Vérité

Je meurs tous les jours

C'était avant que je n'accepte le Seigneur. Je me débattais contre ma maladie chaque jour et le seul plaisir que j'avais, c'était la lecture de romans d'arts martiaux. Ces histoires concernent habituellement le fait de se venger.

L'intrigue typique est la suivante : quand il est bébé, les parents du héros sont tués par un ennemi. Il est tout juste parvenu à échapper au massacre perpétré par un serviteur de la maison. Il rencontre un maître des arts martiaux lorsqu'il grandit. Il devient alors lui-même un maître de ces arts et prend sa revanche sur son ennemi qui a tué ses parents. Ces romans enseignent qu'il est juste et héroïque de se venger, même au risque de perdre sa propre vie. Mais, dans la Bible, l'enseignement de Jésus est tellement différent de ce genre d'enseignements mondains.

Jésus nous enseigne en Matthieu 5:43-45 : « Vous avez appris qu'il a été dit: Tu aimeras ton prochain, et tu haïras ton ennemi. Mais moi, je vous dis: Aimez vos ennemis, [bénissez ceux qui vous maudissent, faites du bien à ceux qui vous haïssent,] et priez pour ceux [qui vous maltraitent et] qui vous persécutent, afin que vous soyez fils de votre Père qui est dans les cieux; car il fait lever son soleil sur les méchants et sur les bons, et il fait pleuvoir sur les justes et sur les injustes. »

La vie que j'avais vécue était bonne et honnête. La plupart des gens auraient dit que j'étais le genre de personne qui « n'avait pas besoin de la loi ». Cependant, après avoir accepté le Seigneur et avoir réfléchi sur moi-même au travers de la Parole de Dieu prêchée lors d'une réunion de réveil, je me suis rendu compte du fait que, dans ma façon de vivre, beaucoup de choses étaient mauvaises. J'avais tellement honte de moi car j'ai réalisé que le langage que j'utilisais, mon comportement, mes pensées, et même ma conscience étaient tous mauvais. Je me suis complètement repenti devant Dieu sachant que j'avais vécu une vie qui n'était pas juste du tout.

Depuis, je me suis efforcé de prendre conscience de mon auto-justice et de mes cadres mentaux personnels pour les anéantir. J'ai refusé mon « Moi » que j'avais érigé auparavant et j'ai estimé qu'il était sans valeur. Par la lecture de la Bible, je me suis reconstruis à nouveau, mais cette fois selon la vérité. J'ai jeûné et prié sans cesse pour chasser au loin les mensonges de mon cœur. En conséquence, je sentais que ma méchanceté était jetée dehors, et j'ai commencé à entendre la voix du Saint-Esprit et à recevoir Sa direction.

Jusqu'à ce que « le Moi » soit formé

Comment les gens forment-ils leurs cœurs et mettent-ils en place leurs valeurs ? Premièrement, il y a des facteurs qui sont hérités. Les enfants ressemblent à leurs parents. Ils héritent des apparences, des habitudes, des personnalités et d'autres caractéristiques génétiques de leurs parents. En Corée, on dit que nous recevons « le sang des parents ». Mais ce n'est pas vraiment le sang, mais l'énergie de vie, ou « chi ». « Chi » est le cristalloïde de toute l'énergie qui provient de l'ensemble du corps. Je connais une famille dont le fils a une grosse tache de naissance dessus des lèvres. Sa mère avait le même genre de tache de naissance au même endroit, mais elle l'avait enlevée chirurgicalement. Quoiqu'elle l'ait enlevé, la tache de naissance a quand même été transmise à son fils.

Les spermatozoïdes et les ovules des êtres humains contiennent l'énergie de vie. Ils contiennent non seulement les apparences physiques extérieures, mais également les personnalités, le tempérament, l'intelligence et les habitudes. Si le chi du père est plus fort au moment de la conception, l'enfant peut davantage ressembler au père. Si le chi de la mère est plus fort, alors l'enfant va davantage ressembler à la mère. Ce qui fait que chaque cœur d'enfant est différent.

En outre, lorsqu'une personne grandit et mûrit beaucoup de choses sont apprises qui s'ajoutent également au champ du cœur. A partir de l'âge de cinq ans, les gens commencent à former leur « Moi » au travers des choses qu'ils ont vues, entendues et apprises. À environ douze ans, nous développons les valeurs sur lesquelles nous nous basons pour juger. À environ dix-huit ans, le « Moi » devient encore plus endurci. Mais, le problème, c'est que nous considérons beaucoup de choses qui sont fausses comme si elles étaient tout à fait vraies, et nous nous en rappelons comme étant la vérité.

Il y a de nombreuses choses fausses que nous apprenons dans ce monde. Bien sûr, à l'école, nous apprenons beaucoup de choses utiles et nécessaires à notre vie, mais il y a des choses enseignées qui ne sont pas vraies, comme l'évolutionnisme darwinien.

Lorsque les parents enseignent leurs enfants, eux aussi enseignent des choses fausses comme si elles étaient vraies. Supposons qu'un enfant se soit trouvé à l'extérieur et ait été roué de coups par un autre enfant ou par plusieurs enfants. Frustrés, les parents disent quelque chose comme « tu manges trois fois par jour comme les autres enfants et tu devrais donc être fort, alors pourquoi alors t'es-tu laissé battre ? S'ils te frappent une fois, frappe-les deux fois ! N'as-tu pas des mains et des pieds comme tous les autres enfants ? Il faut que tu apprennes à prendre soin de toi-même. »

Les enfants sont traités d'une façon dégradante lorsqu'ils sont battus par leurs amis. Cependant, quel genre de conscience ces enfants vont-ils développer ? Ils sont susceptibles de ressentir qu'ils sont de stupides lourdauds et qu'ils ne doivent pas se laisser frapper par les autres. Si d'autres personnes les frappent une fois, ils vont penser qu'ils ont le droit de frapper deux fois. En d'autres termes, ils ont intégré quelque chose de mauvais comme s'il s'agissait d'une bonne chose.

Comment les parents qui suivent la vérité doivent-ils éduquer leurs enfants ? Ils devraient se renseigner sur la situation et les éduquer avec bonté et vérité afin qu'ils puissent avoir la paix, en disant quelque chose comme : « Mon chéri, est-ce que tu pourrais essayer de les comprendre ? De plus, serait-il possible que tu aies fait quelque chose qui n'était pas correct ? Dieu nous apprend à vaincre le mal par la bonté. »

Si les enfants sont éduqués uniquement par la Parole de Dieu dans chaque situation, ils seront capables de développer des consciences bonnes et pures. Mais dans la plupart des cas, les parents éduquent leurs enfants en se basant sur des contre-vérités et des mensonges. Lorsque les parents mentent, les enfants mentent également. Supposons que le téléphone sonne et que la fille décroche. Elle couvre le récepteur de sa main pour que l'appelant n'entende pas. Puis, elle dit : « Papa, oncle Tom veut te parler. » Alors, le papa demande à sa fille : « Dis-lui que je ne suis pas à la maison. »

La fille vérifie avec son père avant de lui donner le téléphone, car une telle situation s'est déjà souvent produite par le passé. De nombreux mensonges sont enseignés aux gens pendant qu'ils grandissent et, en plus, ils développent ces mensonges en émettant des jugements et des condamnations avec leurs propres sentiments. C'est ainsi qu'une conscience mensongère se forme.

En outre, la plupart des gens sont centrés sur eux-mêmes. Ils ne recherchent que leur propre intérêt et pensent qu'ils ont raison. Si l'intention ou les idées d'autres personnes ne sont pas en conformité avec leurs propres idées, ils pensent que les autres ont tort. Mais les autres personnes pensent également de la même façon. Il est difficile d'en venir à une entente si tout le monde pense de cette manière. Il en va de même entre les gens qui sont proches les uns des autres, comme le mari et la femme ou les parents et les enfants. La plupart des gens forment leur « Moi » de cette façon, et on ne devrait donc pas insister que seul mon « Moi » a raison.

L'auto-justice et les cadres mentaux

Beaucoup de gens établissent leurs normes de jugement et systèmes de valeur sur base de fonctionnements de l'âme appartenant au mensonge. Par conséquent, ils vivent dans leur auto-justice et leurs cadres mentaux. En outre, cette auto-justice est formée des contre-vérités qu'ils acceptent du monde et qu'ils considèrent comme des vérités. Ceux qui ont une telle auto-justice se considèrent non seulement justes sur base de leurs critères, mais, dans leur auto-justice, ils essaient également de forcer leurs opinions et leurs convictions sur les autres.

Lorsque cette auto-justice s'endurcit, il devient un cadre mental. En d'autres termes, ce cadre mental est une structure d'auto-justice formée de façon systématique. Ces cadres mentaux sont développés sur la base de la personnalité, des goûts, manières, théories et réflexions de chaque individu. Dans une situation où deux options sont acceptables, si vous insistez sur une seule de ces options, et si cette opinion est renforcée, cela devient votre cadre. Ensuite, une tendance se développe qui consiste à être plus courtois et tolérant envers ceux qui ont des priorités, des personnalités ou des préférences similaires, mais il y a aussi une tendance à être moins tolérants à l'égard de ceux qui ne sont pas d'accord avec vous. Cela est dû à un cadre personnel.

Ce genre de cadre peut se révéler sous diverses formes dans notre vie quotidienne. Un couple de jeunes mariés peut se quereller pour des choses triviales. Le mari pense qu'il est acceptable de presser le tube du dentifrice depuis le bas alors que l'épouse presse n'importe quel point du tube. Si l'un des deux insiste sur sa propre façon de faire dans cette situation, ils sont susceptibles d'avoir un conflit. Les conflits découlent de cadres d'habitudes que sont différents de ceux des autres.

Supposons qu'un employé d'une société fait tout son travail par lui-même et sans l'aide de personne. Certaines personnes ont, en effet, l'habitude de tout faire par elles-mêmes parce qu'elles ont été élevées dans des environnements difficiles et ont dû travailler seules. Ce n'est pas parce qu'ils sont arrogants. Ainsi, si l'on juge ces personnes comme étant arrogantes ou égocentriques, cela est également un mauvais jugement.

Dans la plupart des cas, face à la vérité, aussi bien l'auto-justice que les cadres mentaux d'une personne sont défectueux. Le problème vient du cœur de mensonge qui ne sert pas les autres et recherche les intérêts personnels. Même les croyants ont une auto-justice et des cadres mentaux dont ils ne sont pas conscients.
Ils pensent qu'ils écoutent la parole de Dieu, qu'ils ont rejeté les péchés dans une certaine mesure et qu'ils connaissent la vérité. Le fait qu'ils pensent cela démontre leur auto-justice. Ils portent un jugement sur la manière dont les autres mènent leur vie dans la foi. Ils se comparent également avec les autres et pensent qu'ils sont meilleurs. Á un moment donné, ils ne voyaient que de bons points chez les autres, mais, plus tard, ils ont commencé à changer et, à présent, ils ne voient que leurs insuffisances. Ils n'insistent que sur leurs propres opinions, mais disent qu'ils le font « pour le royaume de Dieu ».

Certaines personnes parlent comme si elles savaient tout et comme si elles étaient justes. Elles parlent sans cesse des faiblesses d'autres personnes et portent des jugements contre elles. Cela signifie qu'elles ne peuvent pas voir leurs propres insuffisances, mais seulement celles des autres.
Avant d'être complètement changés par la vérité, nous sommes tous atteints de cette auto-justice et développons nos cadres mentaux. Dans la mesure où nous avons le mal dans notre cœur, nous avons des fonctionnements de l'âme appartenant

au mensonge plutôt qu'à la vérité. En conséquence, nous allons porter des jugements et condamner les d'autres sur base de notre auto-justice et de nos cadres. Afin de croitre spirituellement, nous devons considérer toutes nos pensées et théories comme si elles n'étaient rien. Nous devons démolir notre auto-justice et nos cadres et développer des fonctionnements de l'âme appartenant à la vérité.

Développer des fonctionnements de l'âme appartenant à la vérité

Nous pouvons croître spirituellement et devenir de vrais enfants de Dieu lorsque nous changeons nos fonctionnements d'âme appartenant au mensonge en ceux qui appartiennent à la vérité. Que devons-nous faire pour avoir des fonctionnements de l'âme appartenant à la vérité ?

Nous devons d'abord avoir du discernement et distinguer tout sur base de la norme de la vérité.

Les gens ont différentes consciences, et les normes du monde sont également différentes en fonction de l'heure, de l'emplacement et des cultures. Même si vous avez agi de la bonne manière, cela pourrait être considéré comme n'étant pas droit par certains autres qui ont des valeurs différentes.

Les gens développent leurs valeurs et leurs idées de mœurs acceptables dans différents environnements et cultures et, par conséquent, nous ne devons pas juger les autres selon nos propres normes. La seule norme absolue par laquelle nous pouvons discerner le bien du mal et la vérité du mensonge est la Parole de

Dieu, qui est la vérité elle-même.

Parmi les choses que les gens du monde estiment justes et bonnes, certaines sont conformes à la Bible, mais beaucoup d'autres ne le sont pas. Supposons que l'un de vos amis commette un crime mais qu'une autre personne ait été accusée à tort. Dans ce cas, la plupart des gens pensent qu'il est acceptable de ne pas révéler la culpabilité de votre ami. Mais si vous ne dites rien tout en étant conscient de l'innocence de la personne accusée, votre action ne pourra jamais être considérée comme juste aux yeux de Dieu.

Avant de croire en Dieu, si je devais visiter quelqu'un chez lui aux alentours de l'heure du repas et que la personne me demandait si j'avais déjà mangé, j'avais l'habitude de répondre : « Oui, j'ai déjà mangé. » Je n'ai jamais pensé que ce n'était pas juste, parce que je le disais pour que l'autre personne n'ait pas d'embarras. Mais, au sens spirituel, cela peut être une imperfection dans l'optique de Dieu car ce n'est pas vraiment vrai, bien que ce ne soit pas un péché en soi. Après avoir pris conscience de ce fait, j'ai utilisé d'autres expressions telles que « je n'ai pas mangé, mais je ne veux pas manger maintenant. »

Pour discerner tout ce qui est de la vérité, nous devons écouter et apprendre la Parole de la vérité et la conserver dans nos cœurs. Nous devrions lire la Bible et nous débarrasser des mauvais critères que nous avons formés sur base de mensonges dans ce monde. Peu importe à quel point une chose est sage dans ce monde, si elle va à l'encontre de la Parole de Dieu, nous devrions nous en défaire.

Deuxièmement, pour avoir des fonctionnements de l'âme appartenant à la vérité, nos sentiments et émotions doivent être conformes à la vérité.

La façon dont nous intégrons les choses joue un rôle important lorsque nous essayons de ressentir les choses selon la vérité. J'ai vu une mère qui faisait des reproches à son enfant en lui disant : « Si tu fais cela, le pasteur va te gronder ! » Elle fait croire à son enfant que le pasteur est quelqu'un qui fait peur. Un tel enfant aura peur du pasteur et l'évitera en grandissant, plutôt que de rester près de lui.

Il y a longtemps, j'ai vu une scène d'un film. Une jeune fille était très amicale avec un éléphant, et l'éléphant soufflait de sa trompe sur le cou de la fille. Un jour, alors que cette jeune fille dormait, un serpent venimeux est venu et s'est enroulé à son cou. Si elle avait su que c'était un serpent venimeux, elle aurait eu tellement peur et aurait été terrifiée. Mais ses yeux étaient fermés de sommeil et elle a simplement pensé qu'il s'agissait de la trompe de l'éléphant. Elle n'a donc pas du tout été surprise. Elle a même estimé qu'il était gentil. Les sentiments changent selon les pensées.

Les sentiments sont différents selon notre façon de penser. Les gens qui se sentent dégoûtés par les asticots, les vers ou les scolopendres savourent le goût délicieux du poulet même si les poulets mangent ce genre de choses. Nous pouvons maintenant comprendre comment nos sentiments à propos d'une ou l'autre chose dépendent de nos pensées. Peu importe le genre de personne que nous voyons et le genre de travail que nous faisons, nous devrions simplement penser et ressentir les choses de façon juste.

Par-dessus tout, pour que nous puissions en tout temps penser et ressentir les choses de façon juste, nous devons toujours voir, entendre et stocker rien que des bonnes choses. Cela est particulièrement vrai en ces jours où nous pouvons voir à peu près n'importe quoi dans les médias ou sur Internet. Plus de mal, de cruauté, de violence, de tricherie, d'égocentrisme, de ruse et de trahison règnent autour de nous aujourd'hui qu'à n'importe quel autre moment de l'histoire. Pour nous garder dans la vérité, il est préférable d'autant que possible ne pas voir, entendre ou stocker ce genre de choses. Cependant, même si nous nous retrouvons face à ce genre de choses, nous pouvons au moment-même entrer des données de vérité et de bonté. « Comment ? », me demandez-vous.

Par exemple, ceux qui ont entendu d'effrayantes histoires de démons et de vampires lorsqu'ils étaient plus jeunes ont des sentiments de peur à leur sujet, et spécialement s'ils restent seuls dans l'obscurité après avoir regardé un film d'horreur. Ils ont peur ou se sentent terrifiés s'ils entendent un son étrange ou voient des ombres inquiétantes. Si ces personnes sont seules, des choses mineures pourraient arriver à les faire paniquer.

Par contre, si nous vivons dans la lumière, Dieu nous protège et les esprits maléfiques ne peuvent nous toucher. Au contraire, ils ont peur et frissonnent à la lumière spirituelle qui émane de nous. Si nous comprenons bien ce fait, nous pouvons modifier nos sentiments. Nous comprenons du cœur que les mauvais esprits ne doivent pas nous faire peur, de sorte que nos sentiments peuvent également changer. Puisque nous pouvons dompter le monde des ténèbres, même si des démons apparaissaient, nous pourrions simplement les chasser au nom de Jésus-Christ.

Prenons encore un cas où des gens ont de mauvais sentiments. J'étais en pèlerinage avec des membres de l'église il y a environ 20 ans. Il y avait une statue d'un homme nu dans un stade en Grèce. L'inscription concernait le fait que promouvoir l'exercice physique et le sport pour les personnes en bonne santé est le fondement d'une nation saine. Là, j'ai pu voir la différence entre les touristes provenant d'autres pays européens et nos membres d'église.

Certaines des femmes de l'église ont pris des photos devant la statue sans aucune difficulté, mais certaines autres ont rougi. Elles ont évité ce lieu comme si elles avaient vu quelque chose qui ne devait pas être vu. La raison pour laquelle elles ont rougi face à la statue est qu'elles avaient des esprits d'adultère. Elles ont un mauvais sentiment à propos de la nudité et elles ont ressenti ce genre de sentiment en voyant la statue d'un homme nu. Ces personnes pourraient même porter un jugement sur ceux qui étudient de près une telle statue. Mais les touristes européens ne semblaient pas du tout ressentir de gêne ou d'autres sentiments similaires. Ils appréciaient la statue comme une excellente œuvre d'art.

Dans ce cas, personne ne doit juger ces touristes européens en disant qu'ils sont impudents. Si nous comprenons les différentes cultures et changeons les sentiments de mensonge en sentiments de vérité, nous n'aurons pas à nous sentir gêné ou honteux. Adam vivait dans sa nudité lorsqu'il n'avait pas la connaissance de la chair, car il n'avait pas l'esprit adultère, et une telle façon de vivre était plus belle.

Troisièmement, pour développer des fonctionnements de l'âme appartenant à la vérité nous ne devrions pas accepter les choses uniquement de notre propre perspective, mais de la perspective des autres également.

Si vous acceptez les choses et les situations uniquement de votre propre point de vue, expériences et façon de penser, il en résultera de nombreux fonctionnements mensongers de l'âme. Vous devrez probablement ajouter ou retirer aux paroles des autres selon vos propres pensées. Il se peut que vous mépreniez, jugiez, condamniez les autres et éprouviez des sentiments négatifs.

Supposons qu'une personne blessée dans un accident se plaigne beaucoup de sa douleur. Ceux qui n'ont pas connu une telle douleur ou qui ont une grande tolérance à la douleur pourraient penser que cette personne exagère. Si vous acceptez les paroles des autres gens en fonction de votre propre point de vue et expériences, vous aurez des fonctionnements de l'âme mensongers. Si vous essayez de comprendre le point de vue de l'autre, vous pouvez le comprendre, ainsi que l'ampleur de la douleur qu'il ressent.

Si vous essayez simplement de comprendre la situation de l'autre personne et de l'accepter, vous serez en paix avec tout le monde. Vous n'aurez pas de haine ni aucun autre sentiment inconfortable. Même si vous avez subi un préjudice ou traversé une adversité à cause d'une autre personne, si vous pensez d'abord à la personne, vous ne ressentirez pas de haine mais l'aimerez tout de même et aurez pitié d'elle. Si vous connaissez l'amour de Jésus qui a été crucifié pour nous, ainsi que la grâce de Dieu, vous pouvez aimer même vos ennemis. Cela a également été le cas pour Étienne. Alors même qu'il était lapidé à mort quoiqu'innocent, il n'a pas ressenti de haine envers ceux qui le lapidaient mais il a prié pour eux.

Pourtant, il peut arriver parfois que nous trouvions qu'il n'est pas facile d'avoir des fonctionnements de l'âme appartenant à la vérité comme nous le souhaitons. Par conséquent, nous devons toujours être en alerte par rapport à nos paroles et à nos actes et essayer de changer nos opérations d'âme appartenant au mensonge en celles qui appartiennent à la vérité. Nous pouvons avoir des fonctionnements de l'âme appartenant à la vérité par la grâce et la force de Dieu et avec l'aide de l'Esprit Saint alors que nous prions et continuons d'essayer.

Je meurs tous les jours

L'apôtre Paul persécutait les chrétiens car il avait une auto-justice et des cadres mentaux très forts. Cependant, après avoir rencontré le Seigneur, il a réalisé que son auto-justice et ses cadres mentaux n'étaient pas droits et il s'est humilié à un point tel qu'il a considéré tout ce qu'il possédait auparavant comme des déchets. Il a d'abord eu des luttes en son cœur en réalisant que le mal était présent en lui et il a lutté avec son cœur qui voulait faire le bien (Romains 7:24).

Toutefois, il a fait une confession de reconnaissance, estimant que la loi de la vie et de l'Esprit Saint, dans le Christ Jésus l'avait libérée de la loi du péché et de la mort. En Romains 7:25, il dit : « Grâces soient rendues à Dieu par Jésus-Christ notre Seigneur!...Ainsi donc, moi-même, je suis par l'entendement esclave de la loi de Dieu, et je suis par la chair esclave de la loi du péché. » Et en 1 Corinthiens 15:31 : « Chaque jour je suis exposé à la mort, je l'atteste, frères par la gloire dont vous êtes pour moi le sujet, en Jésus-Christ notre Seigneur. »

Il a dit : « chaque jour je suis exposé à la mort » et cela signifie qu'il circoncisait son cœur quotidiennement. C'est-à-dire qu'il rejetait les mensonges en lui, comme l'orgueil, l'affirmation de soi, la haine, le fait de juger, la colère, l'arrogance et la cupidité. Comme il l'a confessé, il les chassait au loin en luttant contre ces choses au point de l'effusion du sang. Dieu lui a donné grâce et force et avec l'aide de l'Esprit Saint, il a été changé en un homme d'esprit qui n'avait que des fonctionnements de l'âme dans la vérité. Finalement, il est devenu un puissant apôtre qui a répandu l'évangile tout en accomplissant de nombreux signes et prodiges.

Chapitre 3
Les choses de la chair

Certaines personnes commettent des péchés d'envie, de jalousie, de jugement, de condamnation et d'adultère dans leurs esprits. On ne les voit pas en apparence, mais de tels péchés sont commis parce qu'ils ont des attributs pécheurs en eux.

La chair et les actes du corps

Ce que signifie « la chair est faible »

Les choses de la chair : les péchés commis dans la pensée

La convoitise de la chair

La convoitise des yeux

L'orgueil de la vie

Pour ceux dont l'esprit est mort, leur âme devient le maître et dirige leur corps. Supposons que vous ayez soif et que vous vouliez boire quelque chose. L'âme commandera à la main de prendre le verre et de le présenter à votre bouche. Mais si, à ce moment, quelqu'un vous insulte et que vous vous mettiez en colère, vous pourriez briser ce verre. De quel genre de fonctionnement d'âme s'agit-il ?

Ceci se produit quand Satan incite l'âme qui appartient à chair. Les hommes reçoivent les œuvres de l'ennemi, le diable et Satan dans la mesure où ils ont du mensonge en eux. S'ils acceptent les œuvres de Satan, ils vont avoir des pensées de mensonge, et s'ils acceptent les œuvres du diable, ils manifesteront les actions du mensonge.

L'idée de briser le verre par colère vient de Satan et si vous allez de l'avant et cassez effectivement ce verre, il s'agit d'une œuvre du diable. Une telle idée est appelée « chose de la chair » et l'action qui en découle est appelée « œuvre de la chair ». Nous avons des fonctionnements de l'âme et des actions appartenant au mensonge parce que les natures pécheresses ont été plantées par l'ennemi, le diable et Satan depuis la chute d'Adam et se sont retrouvées mélangées aux organes des êtres humains.

La chair et les actes du corps

Romains 8:13 affirme : « Si vous vivez selon la chair, vous mourrez ; mais si par l'Esprit vous faites mourir les actions du corps, vous vivrez. »

Ici, l'expression « vous mourrez » signifie que vous devrez faire face à la mort éternelle, qui est l'enfer. Par conséquent, le terme « chair » ne se rapporte pas uniquement à notre corps physique. Il a également un sens spirituel.

Ensuite, il est dit que si nous mettons à mort les actions du corps par l'esprit, nous vivrons. Cela signifie-t-il que nous devons nous débarrasser des actes du corps comme s'asseoir, se coucher, manger et ainsi de suite ? Bien sûr que non ! Ici, « corps » se réfère à la coquille ou à l'enveloppe qui contenait les connaissances de l'esprit données aux hommes par Dieu et que nous avons perdues. Pour comprendre les significations spirituelles de ce phénomène, nous devons apprendre quel genre d'être était Adam.

Lorsqu'Adam était un esprit vivant, son corps était précieux et incorruptible. Il ne vieillissait pas et il ne pouvait pas mourir. Il avait un corps spirituel brillant et beau. Ses comportements étaient également plus dignes que ceux de tout noble de cette terre. Mais dès le moment où le péché est entré en lui, son péché, son corps est devenu un organe indigne qui n'était pas différent de celui des animaux.

Permettez-moi de vous présenter une allégorie. Une tasse avec un peu de liquide dedans peut être comparée à notre corps et le liquide à notre esprit. La même tasse peut avoir différentes valeurs selon le type de liquide qu'elle contient. Il en était de même pour le corps d'Adam.

En tant qu'esprit vivant, Adam n'avait que la connaissance de la vérité comme l'amour, la bonté, la vérité et la droiture, et la lumière de Dieu, qui lui ont été données par Dieu. Mais lorsque son esprit est mort, la connaissance de la vérité s'est échappée hors de lui, et, au lieu de la vérité, il a reçu des choses charnelles de l'ennemi, le diable et Satan. Il a changé à cause des mensonges qui sont devenus une partie intégrante de lui. Il est dit : « Par l'esprit, vous faites mourir les œuvres de la chair. » Ici, l'expression « les œuvres de la chair » se rapporte aux actions qui proviennent du corps qui est corrompu par des mensonges.

Par exemple, il y a des gens qui lèvent le poing, claquent les portes ou manifestent d'autres comportements grossiers quand ils se fâchent. Certaines personnes utilisent un langage grossier dans chaque phrase qu'ils prononcent. Certains regardent les personnes de sexe opposé avec convoitise et luxure et d'autres ont des comportements obscènes.

Les actions du corps font non seulement évidemment référence au fait de commettre des péchés, mais aussi à toutes les autres actions qui ne sont pas parfaites aux yeux de Dieu. Quand certaines personnes parlent avec d'autres, elles pointent inconsciemment leur doigt vers des personnes ou des choses. Il y a des gens qui élèvent leur voix lorsqu'elles parlent avec d'autres au point qu'il semble qu'ils ont un argument. Ces choses peuvent sembler insignifiantes, mais ce sont des actes qui viennent du corps corrompu par le mensonge.

Le mot « chair » est fréquemment utilisé dans la Bible. Dans ce verset de Jean 1:14, le mot « chair » est utilisé dans son sens littéral : « Et la parole a été faite chair, et elle a habité parmi nous, pleine de grâce et de vérité; et nous avons contemplé sa gloire, une gloire comme la gloire du Fils unique venu du Père. » Mais il est utilisé le plus souvent dans un sens spirituel.

Romains 8:5-7 affirme : « Ceux, en effet, qui vivent selon la chair, s'affectionnent aux choses de la chair, tandis que ceux qui vivent selon l'esprit s'affectionnent aux choses de l'esprit. » Et Romains 8:8 déclare : « Or, ceux qui vivent selon la chair ne sauraient plaire à Dieu. »

Ici, le terme « chair » est utilisé dans un sens spirituel et fait référence à aux natures pécheresses qui corrompent le corps. C'est la combinaison de ces natures pécheresses et du corps d'où la connaissance de la vérité s'est échappée. L'ennemi, le diable et Satan ont planté diverses natures pécheresses dans les hommes et celles-ci se sont intégrées au corps. Elles ne s'affichent pas immédiatement comme des actions, mais ces natures sont désormais présentes chez les hommes, de sorte qu'elles peuvent se transformer en action à tout moment.

Lorsque nous parlons de chacun de ces attributs charnels, nous disons qu'il s'agit d'une « chose de la chair ». La haine, l'envie, la jalousie, le mensonge, la ruse, l'arrogance, la colère, le fait de juger, la condamnation, l'adultère et la cupidité forment partie de la « chair », et chacune de ces choses est « une chose de la chair ».

Ce que signifie « la chair est faible »

Quand Jésus priait à Gethsémané, les disciples dormaient. Alors Jésus a dit à Pierre : « Veillez et priez, afin que vous ne tombiez pas dans la tentation; l'esprit est bien disposé, mais la chair est faible » (Matthieu 26:41). Mais cela ne signifie pas que les « corps » des disciples étaient faibles. Pierre était robuste puisqu'il était pêcheur. Alors, que signifie « la chair est faible » ?

Cela signifie que, comme Pierre n'avait pas encore reçu l'Esprit Saint, il restait un homme de chair qui n'avait pas complètement chassé ses péchés et ne cultivait donc pas un corps appartenant à l'esprit. Lorsqu'un homme jette au loin ses péchés et s'appuie sur l'esprit, c'est-à-dire lorsqu'il devient un homme d'esprit et de vérité, l'âme et le corps tombent sous la gouvernance de son esprit. Par conséquent, même si le corps est très fatigué, si vous voulez vraiment rester éveillé du fond du cœur, vous pouvez éviter de vous endormir.

Cependant, à l'époque, Pierre n'était pas encore devenu un homme d'esprit et, donc, il ne pouvait pas contrôler les attributs charnels tels que la fatigue et la paresse. Ainsi, même s'il voulait rester éveillé, il ne pouvait le faire. Il se trouvait bloqué par le cadre de ses limites physiques. Lorsque l'on se retrouve comme cela bloqué à l'intérieur de ces limites physiques, cela signifie que la chair est faible.

Cependant, après la résurrection et l'ascension de Jésus-Christ, Pierre a reçu l'Esprit Saint. Dès ce moment, il a non seulement contrôlé ses attributs charnels mais aussi guéri de nombreux malades et même ressuscité des morts. Il a répandu l'Évangile avec une foi et un courage si forts qu'il a choisi d'être crucifié à l'envers.

Pour ce qui est de Jésus, Il a répandu l'évangile du royaume de Dieu et guéri les gens jour et nuit, même sans pouvoir manger ou dormir correctement. Mais parce que Son esprit contrôlait Son corps, même lorsqu'Il était très fatigué, Il pouvait prier jusqu'à ce que Sa sueur devienne comme des grumeaux de sang qui tombaient à terre. Jésus n'avait ni péché originel ni péchés commis. Par conséquent, Il pouvait contrôler Son corps et esprit.

Certains croyants commettent des péchés et donnent excuses comme « ma chair est faible. » Mais ils parlent comme cela parce qu'ils ne connaissent pas le sens spirituel de cette expression. Nous devons comprendre que le sang de Jésus versé à la croix nous rachète non seulement de nos péchés, mais aussi de nos faiblesses. Nous pouvons être sains d'esprit et de corps et accomplir des choses qui sont au-delà de nos limitations si nous avons la foi et obéissons à la Parole de Dieu. En outre, nous avons l'aide de l'Esprit Saint et ne devrions donc pas dire que nous ne pouvons pas prier ou que nous n'avons pas d'autre choix que de commettre des péchés car notre chair est faible.

Les choses de la chair : Les péchés commis dans la pensée

Si les hommes ont une chair, à savoir s'ils ont des natures pécheresses intégrées à leur corps, ils commettent des péchés non seulement en pensées, mais aussi en actes. S'ils ont des attributs de mensonge, ils tromperont les autres s'ils se retrouvent dans une situation défavorable. S'ils commettent le péché dans le cœur et non pas en action, c'est « une chose de la chair ».

Supposons que vous voyiez une belle pièce de bijoux appartenant à votre voisin. Si vous envisagez de la prendre ou de la voler, vous avez déjà commis des péchés dans le cœur. La plupart des gens ne considèrent pas cela comme un péché. Mais Dieu sonde le cœur et même l'ennemi, le diable et Satan connaissent ce genre de cœur des hommes et ils peuvent donc porter des accusations par rapport à un tel péché, c'est-à-dire à une chose de la chair.

Il est écrit en Matthieu 5:28 : « Mais moi, je vous dis que quiconque regarde une femme pour la convoiter a déjà commis un adultère avec elle dans son cœur. » Il est écrit en 1 Jean 3:15 : « Quiconque hait son frère est un meurtrier, et vous savez qu'aucun meurtrier n'a la vie éternelle demeurant en lui. » Si vous commettez des péchés dans le cœur, cela signifie que vous avez jeté les bases pour réellement commettre l'acte du péché.

Vous pouvez avoir un sourire sur votre visage et faire semblant d'aimer quelqu'un même si vous détestez et voulez frapper la personne. Si quelque chose se produit et que vous ne pouvez plus tolérer la situation, votre colère éclate et vous pouvez vous quereller ou vous battre avec cette personne. Mais si vous rejetez la nature pécheresse de la haine elle-même, vous ne pourrez jamais haïr cette personne, même si elle vous fait beaucoup de mal.

Comme cela est écrit en Romains 8:13 : « Si vous vivez selon la chair, vous mourrez... », à moins de vous débarrasser des choses de la chair, vous allez finir par commettre des œuvres de la chair. Toutefois, l'Écriture dit aussi : « ...mais si par l'Esprit vous faites mourir les actions du corps, vous vivrez. » Par conséquent, il est possible de manifester des œuvres saintes et pieuses si l'on se débarrasse des choses de la chair une par une. Alors, comment pouvons-nous vite nous débarrasser des choses et des œuvres de la chair ?

Romains 13:13-14 nous exhorte : « Marchons honnêtement, comme en plein jour, loin des excès et de l'ivrognerie, de la luxure et de l'impudicité, des querelles et des jalousies. Mais revêtez-vous du Seigneur Jésus-Christ, et n'ayez pas soin de la chair pour en satisfaire les convoitises. » et 1 Jean 2:15-16 nous dit : « N'aimez point le monde, ni les choses qui sont dans le monde. Si quelqu'un aime le monde, l'amour du Père n'est point en lui; car tout ce qui est dans le monde, la convoitise de la chair, la convoitise des yeux, et l'orgueil de la vie, ne vient point du Père, mais vient du monde. »

De ces versets, nous pouvons réaliser que toutes les choses du monde sont causées par la convoitise de la chair, la convoitise des yeux et l'orgueil de la vie. La luxure est la source d'énergie qui pousse les hommes à rechercher et à accepter la chair périssable. C'est une force qui permet aux gens d'aimer le monde et de s'y sentir bien.

Revenons maintenant à la scène où Ève a été tentée par le serpent en Genèse 3:6 : « La femme vit que l'arbre était bon à manger et agréable à la vue, et qu'il était précieux pour ouvrir l'intelligence; elle prit de son fruit, et en mangea; elle en donna aussi à son mari, qui était auprès d'elle, et il en mangea. »

Le serpent a dit à Ève qu'elle pourrait devenir comme Dieu. Au moment où elle a accepté cette parole, la nature pécheresse est entrée en elle et s'est installée en tant que chair. Puis, la convoitise de la chair est apparue et les fruits ont semblé bons à manger. La convoitise des yeux s'est ensuite manifestée et les fruits sont devenus un délice pour les yeux. L'orgueil de la vie est arrivé et le fruit a eu l'air désirable pour rendre intelligent. Comme Ève a accepté cette convoitise, elle a voulu manger les fruits et c'est ce qu'elle a fait. Auparavant, elle n'avait absolument jamais eu aucune intention de désobéir à la Parole de Dieu, mais lorsque sa convoitise a été encouragée, les fruits ont semblé bons et beaux. Comme elle a souhaité devenir comme Dieu, elle a finalement désobéi à Dieu.

La convoitise de la chair, la convoitise des yeux et l'orgueil de la vie nous donnent le sentiment que le péché et le mal sont bons et beaux. Ensuite, elles donnent naissance à des choses de la chair et finalement à des œuvres de la chair. Par conséquent, pour mettre fin aux choses charnelles, nous devons d'abord mettre fin à ces trois sortes de convoitises. Nous pourrons alors commencer d'ôter la chair elle-même de nos cœurs.

Si Ève avait su la grande douleur qu'elle causerait en mangeant ce fruit, elle n'aurait pas pensé qu'il était bon à manger et agréable à la vue mais aurait été horrifiée à l'idée même de toucher ou de voir ce fruit - sans parler du fait de le manger. De même, si nous réalisons la grande douleur que l'amour du monde nous apporte et comprenons qu'il nous fera tomber dans le châtiment de l'Enfer, nous n'allons certainement pas aimer le monde. Une fois que nous comprenons à quel point toutes les choses tachées de péchés du monde sont sans valeur, nous pouvons facilement nous défaire de notre convoitise de la chair. Permettez-moi de m'attarder sur ce sujet.

La convoitise de la chair

La convoitise de la chair est la nature qui pousse à suivre la chair et à commettre des péchés. Lorsque nous avons des caractéristiques telles que la haine, la colère, le désir égoïste, le désir sensuel, l'envie et l'orgueil, la convoitise de la chair peut se manifester. Lorsque nous rencontrons une situation dans laquelle des natures pécheresses peuvent se manifester, l'intérêt et la curiosité sont réveillées. Cela nous amènera à avoir le sentiment que les péchés sont bons et beaux. À ce stade, les choses de la chair sont révélées et se développent en œuvres de la chair.

Par exemple, supposons qu'un nouveau croyant décide d'arrêter de boire, mais qu'il ait toujours le désir de boire de l'alcool, ce qui est une chose de la chair. S'il va dans un bar ou un endroit où les gens consomment de l'alcool, la convoitise de la chair qui veut boire un verre est stimulée. Cela déclenche alors le désir de l'homme et l'amène à effectivement boire de l'alcool et à s'enivrer.

Permettez-moi de vous donner un autre exemple. Si nous avons les caractéristiques de juger et de condamner les autres, nous aurons tendance à vouloir entendre des rumeurs au sujet d'autres personnes. On pourra avoir le sentiment qu'il est amusant d'entendre et de répandre des rumeurs et de parler des autres. Si nous avons en nous de la colère et que nous ne sommes pas d'accord avec quelque chose, nous nous sentirons rafraîchis et satisfaits de nous être mis en colère contre quelqu'un ou quelque chose à cause de cela. Si nous essayons de nous contrôler et de ne pas suivre les caractéristiques de la chair qui se veut mettre en colère, nous trouvons que cela est plus douloureux et insupportable. Si nous avons un caractère orgueilleux, nous pourrions, dans notre orgueil, être de nature à nous vanter de nous-mêmes. Aussi, dans notre orgueil, nous voudrons peut-être aussi être servis par d'autres à cause de ces caractéristiques en nous. Si nous avons le désir d'être riche, nous essayerons de devenir riches, même si pour cela nous causons des détriments, des dommages et de la souffrance à d'autres personnes. Cette convoitise de la chair augmentera à mesure que nous commettons plus de péchés.

Néanmoins, même si un nouveau croyant avec une foi faible prie avec ferveur, reçoit la grâce dans la communion avec les autres membres de l'église et est rempli de l'Esprit Saint, sa convoitise de la chair ne sera pas stimulée aussi facilement. Même si la convoitise de la chair se pose dans un coin de son esprit, il peut immédiatement la chasser avec la vérité. Par contre, s'il arrête de prier et perd la plénitude du Saint-Esprit, il donnera accès à l'ennemi, le diable et Satan pour stimuler la convoitise de la chair à nouveau.

Donc, que faut-il faire pour se débarrasser de la convoitise de la chair ? Il faut maintenir la plénitude de l'Esprit Saint afin que notre désir de rechercher l'esprit reste plus fort que notre désir de rechercher la chair. Nous devrions toujours être éveillés spirituellement comme cela est dit en 1 Pierre 5:8 : « Soyez sobres, veillez. Votre adversaire, le diable, rôde comme un lion rugissant, cherchant qui il dévorera. »

Pour ce faire, nous ne devons pas cesser de prier avec ferveur. Même si nous sommes très occupés à faire l'œuvre de Dieu, nous allons perdre la plénitude du Saint-Esprit si nous cessons de prier. Alors, la voie sera ouverte pour que la convoitise de la chair soit stimulée. De cette façon, nous pourrions commettre des péchés en pensée et, finalement, en action. C'est pourquoi, même Jésus, le Fils de Dieu, a été durant Sa vie sur terre un bon exemple du fait de prier sans cesse. Il n'a jamais cessé de prier pour communiquer avec le Père et accomplir Sa volonté.

Bien sûr, si vous rejetez le péché et atteignez la sanctification, il n'y aura pas d'émergence de convoitise de la chair, et donc vous ne vous soumettrez pas à la chair pour commettre des péchés. Ainsi, ceux qui sont sanctifiés prieront, non pas pour enrayer la convoitise de la chair, mais pour recevoir une plus grande plénitude de l'Esprit et encore mieux accomplir l'œuvre du royaume de Dieu.

Que faire si nous avons des taches sur nos vêtements ? Nous n'allons pas simplement les essuyer mais nous allons les laver complètement avec du savon pour que même l'odeur disparaisse. S'il y a un ver ou un asticot sur nos vêtements, nous serons surpris et frotterons immédiatement pour le faire partir. Mais les péchés du cœur sont beaucoup plus sales que les crasses et les vers. Comme cela est dit en Matthieu 15:18 : « Mais ce qui sort de la bouche vient du cœur, et c'est ce qui souille l'homme », ils endommagent l'homme jusqu'à l'os et la moelle et causent beaucoup de douleur.

Que se passe-t-il si une femme découvre que son mari la trompe ? Quelle douleur pour elle ! Et cela est vrai également dans les deux sens. Cela provoquera des querelles, rompra la paix dans la famille et pourra même être la cause de l'éclatement de la famille. C'est pourquoi nous devrions rapidement rejeter la convoitise de la chair car elle donne naissance au péché et a des conséquences néfastes.

La convoitise des yeux

« La convoitise des yeux » stimule le cœur avec des choses que l'on entend ou que l'on voit et elle fait que les personnes recherchent des choses charnelles. Bien qu'appelée « la convoitise des yeux », cette convoitise entre dans les cœurs des hommes par la vue, l'ouïe et nos sensations alors que nous grandissons. C'est-à-dire que ce que nous voyons et entendons se déplace dans le cœur pour donner naissance à des sentiments, et par ce processus se développe la « convoitise des yeux ».

Quand vous voyez quelque chose, si vous l'acceptez avec des sentiments, vous aurez un sentiment semblable quand vous verrez à nouveau ce genre de chose. Même sans vraiment la voir, si vous ne faites que d'entendre parler de cette chose particulière, des expériences passées vous reviendront en mémoire afin que votre convoitise des yeux puisse être stimulée. Si vous continuez à accepter la convoitise des yeux, elle va motiver votre soif de la chair et, finalement, vous en arriverez à commettre un péché.

Qu'est-il arrivé lorsque David a vu Bath-Schéba, femme d'Urie, prendre son bain ? Il n'a pas chassé la convoitise des yeux mais il l'a accepté, donnant ainsi naissance à sa convoitise de la chair, laquelle lui a donné l'envie de prendre la femme. Il a finalement pris la femme et a même commis le péché d'envoyer son mari Urie au front du combat pour que celui-ci se fasse tuer. En faisant cela, David a fait venir une grande épreuve sur lui.

Si nous ne coupons pas la convoitise des yeux, elle ne cessera de stimuler les natures pécheresses en nous. Par exemple, si nous regardons du matériel obscène, cela motivera la nature pécheresse de l'esprit d'adultère. Alors que nous regardons avec les yeux, la convoitise des yeux vient à nous et Satan entraîne également nos pensées dans le sens du mensonge.

Ceux qui croient en Dieu ne doivent pas accepter la convoitise des yeux. Vous ne devez pas voir ou entendre ce qui n'est pas de la vérité, et vous ne devez même pas aller dans un endroit où vous pourriez avoir des contacts avec des choses mensongères. Peu importe combien vous priez, jeûnez et priez toute la nuit pour vaincre votre chair, si vous ne chassez pas la convoitise des yeux, la convoitise de la chair gagnera en force et vous motivera de plus en plus intensément. En conséquence, vous ne pourrez pas vous débarrasser de la chair facilement et vous sentirez qu'il est très difficile de lutter contre les péchés.

Par exemple, dans une guerre, si les soldats à l'intérieur des murs de la ville reçoivent des provisions de l'extérieur de la ville, ils acquièrent la force de continuer le combat. Il ne sera alors pas facile de détruire les forces ennemies présentes dans les murs de la ville. Par conséquent, pour vaincre la ville nous devons d'abord l'entourer et couper ses lignes d'approvisionnement de sorte que la force ennemie ne soit pas en mesure de recevoir de la nourriture ou des armes. Si nous continuons à attaquer dans cette situation, la force ennemie sera finalement détruite.

Pour continuer avec cet exemple, si la force de l'ennemi dans la ville est le mensonge, à savoir la chair en nous, alors les renforts venus de l'extérieur de la ville serait la convoitise des yeux. Si nous n'avons pas coupé la convoitise des yeux, nous ne serons pas en mesure de vaincre les péchés, et ce même si nous jeûnons et prions, parce que la nature pécheresse reçoit continuellement des forces. Nous devons donc d'abord couper la convoitise des yeux et prier et jeûner pour nous débarrasser des natures pécheresses. Ensuite, nous serons en mesure de les chasser par la grâce et la force de Dieu et la plénitude du Saint-Esprit.

Permettez-moi de vous donner un exemple encore plus simple. Si nous continuons de verser de l'eau propre dans un vase rempli d'eau sale, l'eau sale va finalement devenir propre. Mais que se passe-t-il si nous verser de l'eau propre et de l'eau sale en même temps dans le même vase ? L'eau sale du vase ne va pas devenir propre peu importe pendant combien de temps nous versons, car cette eau que nous versons n'est pas entièrement propre. De la même façon, nous ne devons plus accepter de mensonges, mais seulement la vérité, afin de pouvoir nous débarrasser de la chair et cultiver le cœur de l'esprit.

L'orgueil de la vie

Les gens ont tendance à avoir le désir de se vanter. L'« orgueil de la vie » est « la vanité et l'orgueil de notre nature par rapport aux plaisirs de cette vie. » Par exemple, les gens aiment bien se vanter de leur famille, de leurs enfants, de leur mari, de leur femme, de leurs vêtements chers, de leur belle maison ou de leurs bijoux. Ils veulent être reconnus pour leurs apparences ou leurs talents. Ils se vantent même d'avoir des amitiés avec des gens influents ou des célébrités. Si vous avez l'orgueil de la vie, vous appréciez la richesse, la gloire, la connaissance, les talents et les apparences de ce monde et recherchez ces choses avec enthousiasme.

Mais quelle est l'utilité de se vanter de ces choses ? Ecclésiaste 1:2-3 nous dit que tout sous le soleil est vain. Comme il est écrit dans le Psaume 103:15 : « L'homme! ses jours sont comme l'herbe, il fleurit comme la fleur des champs », l'orgueil de ce monde ne peut pas nous donner une véritable valeur ou une vraie vie. En fait, cet orgueil est même hostile par rapport à Dieu et nous conduit à la mort. Si l'on rejette la chair dénuée de sens, nous serons libérés de l'orgueil ou de la convoitise et nous pourrons suivre uniquement la vérité.

1 Corinthiens 1:31 nous dit que celui qui se vante devrait se vanter dans le Seigneur. Cela signifie que nous ne devrions pas nous glorifier pour nous élever nous-même mais pour la gloire de Dieu. C'est-à-dire que nous devons nous glorifier de la croix et du Seigneur qui nous a sauvés et du royaume des cieux qu'Il a

préparé pour nous. Nous devrions également nous glorifier de la grâce, des bénédictions, de la gloire et de tout ce que Dieu nous a donné. Lorsque nous nous glorifions dans le Seigneur, Dieu en est heureux et nous récompense avec des bénédictions matérielles et spirituelles.

Le devoir des hommes est de craindre et aimer Dieu avec révérence, et la valeur de chaque personne sera décidée en fonction de la mesure dans laquelle elle devient une personne d'esprit (Ecclésiaste 12:13).

Une fois que nous nous libérons de tous les péchés et du mal, c'est-à-dire des œuvres et des choses de la chair, et récupérons l'image de Dieu perdue, nous pouvons aller au-delà du niveau du premier homme, Adam, qui était un esprit vivant. Cela signifie que nous pouvons devenir des hommes d'esprit et de plénitude d'esprit. Par conséquent, nous ne devons pas avoir soin de la chair pour en satisfaire les convoitises, mais nous revêtir uniquement du Christ.

Chapitre 4
Au-delà du niveau d'esprit vivant

Une fois que nous supprimons les pensées charnelles, le fonctionnement de l'âme appartenant à chair disparaît et seul le fonctionnement de l'âme appartenant à l'esprit demeure. L'âme obéit complètement à l'esprit maître avec un « Amen ». Lorsque le maître effectue le devoir du maître et le serviteur celui du serviteur, nous disons que notre âme est prospère.

Le cœur limité des hommes

Devenir un homme d'esprit

Esprit vivant et esprit cultivé

La foi spirituelle est le véritable amour

Vers la sainteté

Les nouveau-nés sont déjà des êtres humains mais ils ne peuvent pas tout faire comme les êtres humains accomplis. Ils n'ont aucune connaissance. Ils ne sont même pas capables de reconnaître leurs parents. Ils ne savent pas comment survivre. De même, Adam, qui a été créé comme un esprit vivant, ne pouvait pas exercer ses fonctions d'homme au début. Il n'est devenu un être véritable qu'après avoir été rempli de la connaissance de l'esprit. Il est devenu le seigneur de toutes les créatures lorsqu'il a appris la connaissance de l'esprit de Dieu, pas à pas. À cette époque, le cœur d'Adam était son esprit lui-même, de sorte qu'il n'était pas nécessaire d'utiliser le mot « cœur ».

Cependant, après qu'il ait péché, sont esprit a péri. La connaissance de l'esprit a commencé à s'échapper de lui, peu à peu, et, à la place, Adam a été rempli de la connaissance de la chair qui vient de l'ennemi, le diable et Satan. Son cœur ne pouvait plus être appelé « esprit » et, à partir de ce moment, il a été appelé « cœur ».

À l'origine, le cœur d'Adam avait été créé à l'image de Dieu qui est esprit. Le cœur d'Adam pouvait également être élargi dans la mesure où il était rempli de la connaissance de l'esprit. Toutefois, après que son esprit soit mort, la connaissance du mensonge a recouvert l'esprit et, donc, la taille du cœur a eu certaines limites. À cause de l'âme qui est devenue maître des hommes, les hommes ont commencé à intégrer différents types de connaissances et à utiliser ces connaissances de différentes manières. Selon les différentes connaissances et moyens d'utiliser ces connaissances, les cœurs des hommes ont commencé à être mobilisés de différentes manières.

Ainsi, même ceux qui possèdent des cœurs relativement grands ne sont néanmoins pas en mesure d'aller au-delà de certaines limites fixées par l'auto-justice individuelle, les cadres personnels et leurs propres théories. Cependant, lorsque nous acceptons le Seigneur Jésus-Christ, recevons le Saint-Esprit et donnons naissance à notre esprit par l'Esprit, nous pouvons aller au-delà de ces limites humaines. En outre, dans la mesure où nous cultivons le cœur de l'esprit, nous pouvons ressentir et apprendre ce qui concerne le royaume spirituel infini.

Le cœur limité des hommes

Lorsque des hommes d'âme écoutent la Parole de Dieu, le message est d'abord stocké dans leur cerveau et ils utilisent ensuite des pensées humaines. C'est pour cette raison qu'ils ne peuvent accepter Sa Parole avec leurs cœurs. Naturellement, ils ne peuvent ni comprendre les choses spirituelles, ni se changer eux-mêmes avec la vérité. Ils essaient de comprendre le domaine spirituel par leurs propres cœurs limités et, donc, ils passent de nombreux jugements. Ils ont également de nombreux malentendus et émettent des jugements même sur les patriarches de la Bible.

Lorsque Dieu a commandé à Abraham d'offrir son fils unique Isaac, certains disent qu'il doit avoir été très difficile à Abraham d'obéir. Ils disent quelque chose comme ceci : Dieu lui a permis de voyager pendant trois jours vers la montagne de Morija pour tester la foi d'Abraham. En chemin, Abraham a certainement eu le temps de vivre une grande agonie comme il se demandait s'il devait obéir au commandement de Dieu ou non. Mais, à la fin, il a choisi d'obéir à la Parole de Dieu.

Abraham a-t-il vraiment eu ces problèmes ? Il est parti tôt ce matin-là sans même consulter son épouse, Sarah. Il avait une entière confiance dans la puissance et la bonté de Dieu qui pouvait ressusciter les morts. Pour cette raison, il a pu donner son fils Isaac sans aucune hésitation. Dieu a vu son cœur et a reconnu sa foi et son amour. Par conséquent, Abraham est devenu le père de la foi et a été appelé « l'ami de Dieu ».

Si une personne ne comprend pas le niveau de foi et d'obéissance qui peut plaire à Dieu, elle ne comprendra pas ces choses parce qu'elle pensera avec son cœur et son niveau de foi limités. Nous pouvons comprendre ceux qui aiment Dieu au plus haut degré et plaire à Dieu dans la mesure où nous avons rejeté les péchés et cultivons le cœur de l'esprit.

Devenir un homme d'esprit

Dieu est esprit et veut donc que Ses enfants deviennent également des hommes d'esprit. Alors, que devons-nous faire pour devenir un homme d'esprit, un homme dont l'esprit est devenu le maître de son corps et de son âme ? Par-dessus tout, nous devons couper les pensées de mensonge, c'est-à-dire les pensées charnelles, afin de ne pas être contrôlés par Satan. Nous devons, au contraire, entendre la voix de l'Esprit Saint qui change notre cœur par la Parole de la vérité. Nous devons laisser notre âme obéir complètement à cette voix. Lorsque nous sommes à l'écoute de la Parole de Dieu, nous devons l'accepter avec un « Amen » et prier instamment jusqu'à ce que nous comprenions le sens spirituel de Sa Parole.

Ce faisant, si nous recevons la plénitude du Saint-Esprit, notre esprit deviendra le maître et nous pourrons atteindre la dimension spirituelle en communiquant avec Dieu tous les jours. C'est ainsi que, lorsque l'âme obéit complètement au maître, l'esprit, et fonctionne comme l'esclave, nous pouvons dire que notre âme est « prospère ». Si notre âme est prospère, nous prospérerons en toutes choses et nous serons sains.

Si nous comprenons clairement les fonctionnements de l'âme et les récupérons d'une façon agréable à Dieu, nous ne recevrons plus d'incitations de Satan. Nous pourrons donc retrouvons l'image de Dieu qu'Adam avait perdue à cause de sa chute. L'ordre entre l'esprit, l'âme et le corps sera alors remis en place correctement et nous pourrons devenir de vrais enfants de Dieu. Ensuite, nous pourrons même aller au-delà du niveau d'esprit vivant qui était celui d'Adam. Nous n'allons pas simplement recevoir l'autorité et le pouvoir de dominer sur toutes choses, mais nous allons également profiter de la joie et du bonheur éternel dans le royaume céleste, qui est à un niveau plus élevé que le jardin d'Éden. Comme cela est écrit en 2 Corinthiens 5:17 : « Si quelqu'un est en Christ, il est une nouvelle création. Les choses anciennes sont passées; voici, toutes choses sont devenues nouvelles », nous allons devenir une créature entièrement nouvelle dans le Seigneur.

Esprit vivant et esprit cultivé

Quand nous obéissons aux commandements de Dieu qui nous dit de ne pas faire certaines choses et de garder d'autres choses, nous ne commettons pas les œuvres de la chair et nous nous gardons dans la vérité. C'est dans cette même mesure que nous pourrons de plus en plus devenir des hommes d'esprit. Tant que nous sommes des hommes de chair qui pratiquent le mensonge, nous pourrons avoir différents problèmes ou attraper des maladies, mais une fois que nous deviendrons des hommes d'esprit, nous prospérerons en toutes choses et serons en bonne santé.

En outre, lorsque l'on rejette le mal que Dieu nous dit de rejeter, nos « choses de la chair » et pensées charnelles seront anéanties, de sorte que nous aurons une âme appartenant à la vérité. Et lorsque nous ne penserons qu'à la vérité, nous entendrons la voix de l'Esprit Saint plus clairement. Lorsque nous suivrons pleinement les commandements de Dieu qui nous demande de garder, ne pas faire, ou de chasser certaines choses, nous pourrons être reconnus comme hommes d'esprit car nous n'aurons pas de mensonges en nous. De plus, si l'on accompli la totalité des commandements de Dieu qui nous dit de faire certaines choses, nous allons devenir des hommes de plénitude d'esprit.

Il y a une grande différence entre ces hommes d'esprit et Adam, qui était un esprit vivant. Adam n'avait jamais rien vécu de la chair par la culture humaine et, par conséquent, il ne pouvait pas être considéré comme un être entièrement spirituel. Il n'aurait jamais pu comprendre quoi que ce soit à propos de la tristesse, de la douleur, de la mort ou de la séparation causée par la chair. Cela signifie qu'il ne pouvait pas, d'autre part, avoir une véritable appréciation de la grâce ou de l'amour. Même si Dieu l'aimait énormément, il ne pouvait pas apprécier à quel point l'amour de Dieu était bon. Il profitait des meilleures choses mais ne pouvait pas ressentir qu'il était tellement heureux. Il ne pouvait pas être un véritable enfant de Dieu qui pourrait partager son cœur avec Dieu. Ce n'est qu'en passant par les choses charnelles et les connaître qu'il pourrait devenir un véritable être spirituel.

Quand Adam était un esprit vivant, il n'avait fait l'expérience d'aucune chose charnelle. Ainsi, il a toujours eu la possibilité d'accepter la chair et la corruption. L'esprit d'Adam n'était pas un esprit complet et parfait à proprement parler, mais un esprit qui risquait de mourir. C'est pourquoi il a été appelé être vivant, ce qui signifie esprit vivant. Certains pourraient alors se demander comment un esprit vivant pouvait accepter la tentation de Satan. Permettez-moi de vous donner une allégorie.

Supposons qu'il y ait deux enfants très obéissants dans une famille. L'un d'eux a déjà été brûlé par l'eau chaude mais l'autre n'a jamais été brûlé. Un jour, la mère a montré une bouilloire d'eau bouillante et leur a dit de ne pas y toucher. En général, ils obéissent très bien à leur mère, donc aucun des deux ne la touche.

Mais l'un des enfants a déjà fait une fois l'expérience du fait qu'une bouilloire est dangereuse et obéit donc volontiers. Il comprend également le cœur de sa mère qui par amour essaie de les protéger par un avertissement. Au contraire, l'autre enfant qui n'a pas connu une telle expérience devient curieux lorsqu'il voit la bouilloire avec la vapeur qui en sort. Il ne peut pas comprendre l'intention de sa mère. Il y a toujours le risque qu'il puisse essayer de toucher la bouilloire chaude par curiosité.

La même chose était vraie pour l'esprit vivant Adam. Il avait entendu dire que les péchés et le mal étaient effrayants, mais il ne les avait jamais expérimentés. Il n'aurait jamais pu comprendre exactement ce qu'étaient le péché et le mal. Comme il n'avait pas l'expérience de la relativité des choses, il a finalement accepté la tentation de Satan de plein gré et a mangé du fruit défendu.

Contrairement à Adam, l'esprit vivant qui n'a jamais compris la relativité de différentes choses, Dieu voulait des enfants véritables qui, après avoir connu la chair, auraient des cœurs d'esprit et ne changeraient jamais d'avis peu importe les circonstances. Ces enfants comprennent très bien le contraste entre la chair et l'esprit. Ils ont fait l'expérience du péché et du mal, de la douleur et du chagrin dans ce monde, et ils savent donc combien la chair est douloureuse, sale et vide de sens. En outre, ils connaissent très bien l'esprit, qui est l'opposé de la chair. Ils savent combien l'esprit est beau et bon. Ainsi, dans leur libre-arbitre, ils n'accepteront jamais à nouveau la chair. C'est la différence entre l'esprit vivant et l'esprit cultivé.

Un esprit vivant ne ferait que d'obéir inconditionnellement tandis que l'esprit cultivé obéirait du cœur après avoir connu à la fois le bon et le mauvais. En outre, ces hommes d'esprit qui ont vaincu tous les péchés et le mal recevront la bénédiction d'entrer dans le troisième royaume des cieux où se trouvent différents lieux d'habitation et les hommes de plénitude d'esprit entreront dans la ville de la Nouvelle Jérusalem.

La foi spirituelle est le véritable amour

Une fois que nous deviendrons des hommes d'esprit dans notre marche de foi, nous serons capables de ressentir un bonheur et une joie d'une toute autre dimension. Nous aurons la vraie paix dans le cœur. Nous nous réjouirons toujours, prierons sans cesse, rendrons grâce pour toutes choses selon 1 Thessaloniciens 5:16-18. Nous comprendrons le cœur et la volonté de Dieu qui nous donne le vrai bonheur, et nous pourrons aimer Dieu d'un cœur vrai et lui rendre grâce.

Nous avons entendu dire que Dieu est amour mais, avant de devenir des hommes d'esprit, nous ne pouvions pas vraiment connaitre cet amour. Ce n'est qu'après avoir compris la providence de Dieu au travers du processus de la culture humaine que nous pouvons comprendre profondément que Dieu est l'amour même et comment nous devons L'aimer par-dessus tout.

Tant que nous ne chasserons pas la chair de notre cœur, notre amour et notre reconnaissance ne seront pas véridiques. Même si nous disons que nous aimons Dieu et lui sommes reconnaissants, nous pouvons changer de direction pour notre vie quand les choses ne sont plus favorables pour nous. Nous disons que nous sommes reconnaissants quand les circonstances sont bonnes, mais après un certain temps nous oublions vite la grâce. S'il y a des choses difficiles devant nous, plutôt que de nous souvenir de la grâce, nous sommes frustrés ou même en colère. Nous oublions notre reconnaissance et la grâce que nous avons reçue.

Mais l'action de grâces des hommes d'esprit provient de la profondeur de leur cœur, de sorte qu'elle ne change jamais même avec le passage du temps. Ces hommes comprennent la providence de Dieu, qui cultive les êtres humains en dépit de toutes les douleurs insupportables qui en découlent, et ils rendent véritablement grâces du fond du cœur. En outre, ils aiment vraiment et rendent grâce au Seigneur Jésus qui a subi la croix pour nous et au Saint-Esprit qui nous conduit dans la vérité. Leur amour et leur reconnaissance ne changent jamais.

Vers la sainteté

Les hommes ont été corrompus par le péché, mais après avoir accepté Jésus-Christ et reçu la grâce du salut, ils peuvent être changés par la foi et la puissance du Saint-Esprit. Ils peuvent ensuite aller au-delà du niveau de l'esprit vivant. Dans la mesure où les mensonges sortent d'eux et qu'ils sont, au contraire, remplis de la vérité, ils peuvent devenir des hommes d'esprit en parvenant à la sainteté intérieure.

Dans la plupart des cas, quand les gens voient des choses mauvaises, ils mélangent ce qu'ils voient avec le mensonge en eux, et ainsi ressentent et pensent mal. De cette façon, ils sont susceptibles de commettre des mauvaises actions. Mais ceux qui sont sanctifiés n'ont pas de mensonge en eux, et donc ils n'ont aucune mauvaise pensée et ne commettent aucune mauvaise action. Pour commencer, ils ne voient même pas les choses mauvaises et, même s'il leur arrivait de voir de telles choses, celles-ci ne se transformeraient pas en mauvaises pensées ou actes.

Nous pouvons être considérés comme ayant été sanctifiés si nous cultivons un cœur pur qui n'a aucun défaut ou tâche en ôtant même le mal qui se trouve au fond de notre cœur. Ceux qui n'ont que des pensées spirituelles, à savoir ceux qui voient, entendent, parlent et agissent uniquement dans la vérité, sont les vrais enfants de Dieu qui sont allés au-delà du niveau de l'esprit.

Selon ce qui est écrit en 1 Jean 5:18 : « Nous savons que quiconque est né de Dieu ne pratique pas le péché; mais celui qui est né de Dieu se garde lui-même, et le malin ne le touche pas », dans le domaine spirituel, la puissance est dans l'absence de péché. N'avoir aucun péché, c'est la sainteté. C'est pourquoi nous pouvons récupérer l'autorité qui a été donnée à l'esprit vivant Adam, et vaincre et soumettre l'ennemi, le diable et Satan dans la mesure où nous avons chassé les péchés.

Une fois que nous devenons des hommes de l'esprit, le diable ne peut même pas nous toucher, et une fois que nous devenons des hommes de plénitude d'esprit et accumulons bonté et amour, nous sommes en mesure d'exécuter les œuvres puissantes de l'Esprit Saint et d'accomplir des choses grandes et puissantes.

Nous pouvons devenir des hommes d'esprit et de plénitude d'esprit en devenant sanctifiés (1 Thessaloniciens 5:23). Si nous pensons à Dieu qui cultive l'humanité et nous a supporté depuis si longtemps pour obtenir de vrais enfants, nous pouvons comprendre que la chose la plus importante dans la vie est de devenir des hommes d'esprit et de plénitude d'esprit.

 L'esprit, l'âme, et le corps : Volume 1

Partie 3

Rétablir l'esprit

Suis-je une personne de chair ou d'esprit ?
Quelle est la différence entre esprit et plénitude d'esprit ?

> Jésus répondit: En vérité, en vérité,
> je te le dis, si un homme ne naît d'eau et d'Esprit,
> il ne peut entrer dans le royaume de Dieu.
> Ce qui est né de la chair est chair,
> et ce qui est né de l'Esprit est Esprit.
> (Jean 3:5-6)

Chapitre 1
Esprit et plénitude d'esprit

Parce que leurs esprits sont morts, l'humanité a besoin du salut. Notre vie chrétienne est le processus par lequel l'esprit grandit après avoir été réactivé.

Qu'est-ce que l'esprit ?

Rétablir l'esprit

Le processus de croissance de l'esprit

Cultiver une bonne terre

Les traces de la chair

Preuves de la plénitude d'esprit

Bénédiction données aux hommes d'esprit et de plénitude d'esprit

L'esprit de l'homme est mort à cause du péché d'Adam. À partir de ce moment-là, leurs âmes sont devenues leurs maîtres. Ils ont constamment accepté des mensonges et suivi leurs convoitises. Finalement, ils ne peuvent pas recevoir le salut. Parce qu'ils sont contrôlés par l'âme qui est sous l'influence de Satan, ils commettent des péchés et vont en enfer. C'est pourquoi tous les êtres humains doivent être sauvés. Dieu est à la recherche de vrais enfants qui sont sauvés par culture humaine, c'est-à-dire qu'Il cherche des gens d'esprit et de plénitude d'esprit.

Comme le dit 1 Corinthiens 6:17 : « Mais celui qui s'attache au Seigneur est avec lui un seul esprit », les vrais enfants de Dieu sont ceux qui ont été unis à Jésus-Christ dans l'esprit.

Lorsque nous acceptons Jésus-Christ, nous commençons une vie dans la vérité par le Saint-Esprit. Si nous vivons dans la vérité de façon complète, nous sommes devenus des hommes d'esprit qui ont le cœur du Seigneur. Cela se produit lorsque nous sommes un seul esprit avec le Seigneur. Cependant, même si nous sommes devenus un seul esprit, l'esprit de Dieu et l'esprit des hommes restent complètement différents l'un de l'autre. Dieu est l'esprit même sans corps physique mais l'esprit des hommes est contenu dans un corps physique. Dieu a la forme d'esprit qui appartient au ciel tandis que les hommes ont la forme d'esprit dans un corps physique qui est créé de la poussière du sol. Il y a certes une grande différence entre le Dieu créateur et les êtres humains qui sont des créatures.

Qu'est-ce que l'esprit ?

Beaucoup de gens pensent que le mot « esprit » est synonyme du mot « âme ». Le Merriam-Webster's Dictionary définit l'esprit comme « animation ou principe vital considéré comme donnant la vie aux organismes physiques, ou être ou essence surnaturel ». Mais l'esprit selon Dieu ne meurt, ne périt ou ne change jamais, mais est éternel. C'est la vie et la vérité elle-même.

Si l'on veut trouver une chose qui a les caractéristiques de l'esprit sur cette terre, ce serait l'or. L'éclat n'est jamais altéré même avec le passage du temps et il périt ou ne change pas. C'est pourquoi Dieu compare notre foi à l'or pur et construit également les maisons du ciel avec de l'or et d'autres pierres précieuses.

Le premier homme, Adam, a reçu une partie de la nature originale de Dieu quand Dieu a soufflé dans ses narines le souffle de vie. Il a été créé comme un esprit imparfait. C'est parce que la possibilité existait qu'il puisse redevenir un être charnel avec les caractéristiques du sol. Il n'était pas seulement « esprit ». Il était un « esprit de vie » qui était un « être vivant ».

Pour quelle raison Dieu a-t-Il créé Adam comme esprit vivant ? C'est parce qu'Il voulait qu'Adam aille au-delà de la dimension de d'esprit vivant en faisant l'expérience de la chair par le biais de la culture humaine et devienne un homme de plénitude d'esprit. Cela ne s'applique pas seulement à Adam, mais également à tous ses descendants. C'est pourquoi Dieu a préparé le Sauveur Jésus et l'assistance de l'Esprit Saint dès l'aube des temps.

Rétablir l'esprit

Adam a vécu dans le jardin d'Éden comme un esprit vivant pendant un temps incommensurable, mais finalement sa communication avec Dieu a été rompue à cause de son péché. À ce moment, Satan a commencé à planter en Adam des connaissances de mensonges par le biais de son âme. Dans ce processus, la connaissance de l'esprit qui avait été donnée par Dieu a commencé à disparaître et a été remplacée par le contenu de la chair, qui est la connaissance du mensonge donné par Satan.

Le temps a passé et le contenu de la chair a de plus en plus rempli l'homme. Le mensonge a recouvert et étouffé la semence de vie de l'homme. C'était comme si le mensonge confinait et limitait la semence de vie de sorte que celle-ci est devenue complètement inactive. Lorsque la semence de vie devient complètement inactive, nous disons que l'esprit est « mort ». Dire que l'esprit est mort signifie que la Lumière de Dieu qui peut activer la semence de la vie a disparu. Que devons-nous donc faire pour faire revivre les esprits morts ?

Tout d'abord, nous devons être nés d'eau et d'Esprit.

Quand nous entendons la Parole de Dieu qui est la vérité et acceptons Jésus-Christ comme notre Sauveur personnel, Dieu nous fait le don du Saint-Esprit dans nos cœurs. Jésus dit en Jean 3:5 : « Jésus répondit: En vérité, en vérité, je te le dis, si un homme ne naît d'eau et d'Esprit, il ne peut entrer dans le royaume de Dieu. » Dans ce passage, nous pouvons voir que nous ne pouvons être sauvés qu'après être nés d'eau, qui est la Parole de Dieu, et du Saint-Esprit.

Le Saint-Esprit vient dans nos cœurs et stimule notre semence de vie pour la rendre à nouveau active. Il s'agit de la résurrection de notre esprit mort. Il nous aide à vaincre la chair qui est mensonge, à détruire les œuvres mensongères de l'âme et nous donne la connaissance de la vérité. Si nous ne recevons l'Esprit Saint, notre esprit mort ne peut être ranimé, et nous ne pouvons pas comprendre le sens spirituel de la Parole de Dieu. La parole que nous ne pouvons pas comprendre ne peut pas être plantée dans notre cœur et nous ne pouvons donc pas gagner la foi spirituelle. Nous ne pouvons avoir une compréhension spirituelle et la foi pour croire du cœur qu'avec l'aide du Saint-Esprit. Grâce à cette aide, nous pouvons recevoir par la prière la force de mettre en pratique la Parole de Dieu et d'en vivre. Sans Son aide dans la prière, nous n'aurons pas la force de mettre en pratique la Parole de Dieu.

Deuxièmement, nous devons continuellement donner naissance à l'esprit par l'Esprit.

Une fois que notre esprit mort est ravivé lorsque nous

recevons le Saint-Esprit, nous devons continuer de remplir notre esprit de la connaissance de la vérité. C'est ce qui s'appelle donner naissance à l'esprit par l'Esprit. Alors que nous prions avec ferveur et l'aide du Saint-Esprit pour lutter contre les péchés au point de faire couler le sang, le mal et le mensonge de nos cœurs sont chassés loin. En outre, dans la mesure où l'on accepte la connaissance de la vérité fournie par le Saint-Esprit, comme l'amour, la bonté, la sincérité, la douceur et l'humilité, nous aurons de plus en plus de vérité et de bonté de cœur. En d'autres termes, accepter la vérité par l'Esprit Saint inverse le processus par lequel l'humanité est devenue corrompue depuis la chute d'Adam.

Il y a des gens, cependant, qui ont reçu le Saint-Esprit mais ne changent pas leurs cœurs. Ils ne suivent pas les désirs du Saint-Esprit mais continuent de vivre dans le péché en suivant les désirs de la chair. Dans un premier temps, ils tentent de rejeter le péché, mais à partir d'un certain moment, ils deviennent tièdes dans leur foi et cessent de lutter contre le péché. Comme ils s'arrêtent de lutter contre le péché, ils finissent par se lier d'amitié avec le monde ou commettent des péchés. Leurs cœurs qui étaient en train de devenir de plus en plus purifiés et blanchis sont à nouveau salis par le péché. Même si nous avons reçu le Saint-Esprit, si nos cœurs sont constamment trempés dans des mensonges, le germe de vie en nous ne peut pas gagner en force.

1 Thessaloniciens 5:19 nous met en garde : « N'éteignez pas l'Esprit. » Nous pourrions atteindre un état où nous passons pour être vivants, mais tant que nous ne changeons pas après avoir reçu le Saint-Esprit, nous sommes morts (Apocalypse 3:1).

Donc, même si nous avons reçu le Saint-Esprit, celui-ci sera progressivement éteint si nous continuons de vivre dans le péché et le mal.

Par conséquent, nous devons constamment essayer de changer notre cœur jusqu'à ce qu'il devienne entièrement un cœur de vérité. 1 Jean 2:25 nous dit : « Et la promesse qu'il nous a faite, c'est la vie éternelle. » Oui, Dieu nous a donné une promesse. Mais, une condition y est attachée.

Nous devons être unis avec le Seigneur et Dieu en mettant en pratique la Parole de Dieu que nous avons entendue pour que Dieu nous donne la vie éternelle. Nous ne pouvons recevoir le salut, même si nous disons que nous croyons dans le Seigneur, à moins de vivre en Dieu et dans le Seigneur.

Le processus de croissance de l'esprit

Jean 3:6 déclare : « Ce qui est né de la chair est chair, et ce qui est né de l'Esprit est Esprit. » Selon ce passage, nous ne pouvons pas donner naissance à l'esprit tant que nous restons dans la chair.

Par conséquent, une fois que nous avons reçu l'Esprit Saint et que nos esprits morts ont été ravivés, l'esprit doit continuer de grandir. Que faire si un bébé ne se développe pas correctement ou ne se développe plus du tout ? L'enfant ne sera pas capable de vivre une vie normale. Il en est de même pour la vie spirituelle. Les enfants de Dieu qui ont acquis la vie doivent continuer de développer leur foi et de faire croître leur esprit.

La Bible nous dit que chacun à une mesure de foi différente (Romains 12:3). 1 Jean 2:12-14 , nous enseigne concernant les différents niveaux de foi et les catégorise en foi des petits enfants, des enfants, des jeunes hommes et des pères :

> Je vous écris, petits enfants, parce que vos péchés vous sont pardonnés à cause de son nom. Je vous écris, pères, parce que vous avez connu celui qui est dès le commencement. Je vous écris, jeunes gens, parce que vous avez vaincu le malin. Je vous ai écrit, petits enfants, parce que vous avez connu le Père. Je vous ai écrit, pères, parce que vous avez connu celui qui est dès le commencement. Je vous ai écrit, jeunes gens, parce que vous êtes forts, et que la parole de Dieu demeure en vous, et que vous avez vaincu le malin.

Dans la mesure où nous changeons pour avoir un vrai cœur, Dieu nous donne la foi d'en-haut. C'est la foi par laquelle nous pouvons croire du cœur, soit « donner naissance à l'esprit par l'Esprit ». Voici ce que fait le Saint-Esprit : Il nous permet de donner naissance à l'esprit et nous aide à augmenter notre foi. Le Saint-Esprit vient dans nos cœurs et nous enseigne concernant le péché, la justice et le jugement (Jean 16:7-8). Il nous aide à croire en Jésus-Christ.

Il nous aide aussi à comprendre la signification spirituelle contenue dans la Parole de Dieu et de l'accepter avec notre cœur. Au travers de ce processus, nous pouvons retrouver l'image de Dieu et devenir de véritables enfants de Dieu, soit des gens d'esprit et de plénitude d'esprit.

Pour que notre esprit grandisse, nous devons d'abord détruire nos pensées charnelles. Les pensées charnelles apparaissent lorsque les mensonges de nos cœurs se révèlent à cause du fonctionnement mensonger de l'âme. Par exemple, si vous avez des choses mauvaises dans votre cœur et entendez que quelqu'un répand des commérages contre vous, vous manifesterez d'abord des fonctionnements mensongers de l'âme. Vous aurez des pensées charnelles par rapport au fait que la personne est grossière, vous serez offensé et d'autres sentiments négatifs pourront également émerger.

Á ce moment-là, c'est Satan qui contrôle l'âme. Satan est celui qui inspire les mauvaises pensées. Par ces fonctionnements de l'âme, le mensonge dans le cœur, qui comprend des choses de la chair comme la colère, la haine, l'amertume et l'orgueil sont agités. Plutôt que d'essayer de comprendre les autres, vous souhaitez affronter les personnes immédiatement.

Ces choses de la chair qui ont été mentionnées plus haut font également partie des pensées charnelles. Si l'auto-justice, les auto-conceptualisations ou les propres théories d'une personne se manifestent par le fonctionnement de l'âme, il s'agit également de choses de la chair. Supposons qu'une personne ait une sorte de cadre de pensée avec lequel il croit qu'il est juste et n'enfreint pas la loi. Il se contenterait de continuer de penser que ses idées sont justes et romprait la paix avec les autres, même dans les situations où il doit tenir compte du niveau de foi et d'autres circonstances des autres personnes. En outre, supposons qu'une personne ait un état d'esprit sur un certain sujet et estime qu'il sera difficile de réaliser quelque chose compte tenu de la réalité de la situation. Cela est également considéré comme une pensée charnelle.

Même après avoir reçu l'Esprit Saint en acceptant le Seigneur Jésus, nous avons encore des pensées charnelles dans la mesure où nous avons des éléments de la chair que nous n'avons pas encore vaincus. Nous avons des pensées spirituelles lorsque nous gardons la connaissance de la vérité qui est la Parole de Dieu, mais nous avons des pensées charnelles lorsque nous gardons la connaissance du mensonge. Le Saint-Esprit ne peut pas mobiliser les connaissances de la vérité si nous avons ces pensées charnelles.

C'est pourquoi il est écrit en Romains 8:5-8 : « Ceux, en effet, qui vivent selon la chair, s'affectionnent aux choses de la chair, tandis que ceux qui vivent selon l'esprit s'affectionnent aux choses de l'esprit. Et l'affection de la chair, c'est la mort, tandis que l'affection de l'esprit, c'est la vie et la paix ; car l'affection de la chair est inimitié contre Dieu, parce qu'elle ne se soumet pas à la loi de Dieu, et qu'elle ne le peut même pas. »

Ce passage implique que l'on peut atteindre le niveau de l'esprit que lorsque nous brisons nos pensées charnelles. Ceux qui restent dans la chair ne peuvent s'empêcher d'avoir des pensées charnelles et, par conséquent, ils ont des pensées, des paroles et des comportements qui s'opposent à Dieu.

L'un des exemples les plus évidents d'opposition à Dieu à cause de pensées charnelles est le cas du roi Saül en 1 Samuel 15. Dieu lui avait ordonné d'attaquer Amalek en lui disant de détruire tout ce qui se trouvait là. Cela faisait partie de la punition qu'ils devaient subir pour s'être fortement opposés à Dieu dans le passé.

Mais quand Saül a gagné la bataille, il a gardé le bon bétail en disant qu'il voulait le donner à Dieu. Il a aussi capturé le roi d'Amalek, au lieu de le tuer. Il voulait exposer ce qu'il avait accompli. Il a désobéi parce qu'il avait des pensées charnelles qui découlaient de sa cupidité et de son arrogance. Comme ses yeux étaient aveuglés par sa cupidité et son arrogance, il a continué de suivre ses pensées charnelles et, finalement, a fait face à une mort misérable.

La cause fondamentale du fait d'avoir des pensées charnelles est que nous avons des mensonges dans nos cœurs. Si nous n'avons que la connaissance de la vérité dans notre cœur, nous ne pourrons jamais avoir de pensées charnelles. Ceux qui n'ont pas de pensées charnelles n'auront naturellement que des pensées spirituelles. Ils obéissent à la voix et à la direction du Saint-Esprit et peuvent donc être aimés de Dieu et être témoins de Ses œuvres.

Donc, nous devons diligemment nous débarrasser du mensonge et être remplis de la connaissance de la vérité, qui est la Parole de Dieu. Être remplis de la connaissance de la vérité ne signifie pas que nous la connaissons dans nos têtes uniquement, mais nous devons la mettre en pratique et cultiver nos cœurs par la Parole de Dieu. Dans le même temps, nous devons remplacer nos propres pensées par des pensées spirituelles. Lorsque nous interagissons avec les autres ou voyons certains événements, il ne faut pas porter de jugement et de condamnation selon notre propre point de vue, mais essayer de les considérer dans la vérité. Nous devons constamment vérifier si nous avons traité les autres avec bonté, amour, sincérité, et ce à chaque instant, afin de pouvoir changer. C'est ainsi que nous pourrons grandir spirituellement.

Cultiver une bonne terre

Proverbes 4:23 nous conseille : « Garde ton cœur plus que toute autre chose, car de lui viennent les sources de la vie. » Il est dit ici que la source de la vie qui nous donne la vie éternelle vient du cœur. On ne peut récolter les fruits qu'après avoir semer les graines dans le champ afin qu'elles puissent germer, fleurir et donner des fruits. De la même façon, nous ne pouvons porter des fruits spirituels qu'après que la semence de la Parole de Dieu soit tombée dans le champ de notre cœur.

La Parole de Dieu, qui est la source de la vie, a deux sortes de fonctions quand elle est semée dans le cœur. Elle laboure les péchés et les mensonges de notre cœur et elle permet de porter du fruit. La Bible contient un grand nombre de commandements, mais ceux-ci tombent tous dans l'une des quatre catégories suivantes : Fais, ne fais pas, garde et rejette certaines choses. Par exemple, la Bible nous dit de « rejeter » la cupidité et toutes les formes du mal. «Ne haïssez pas» ou « ne jugez pas » sont d'autres exemples de « ne fais pas ». Lorsque nous obéissons à ces commandements, les péchés seront retirés de nos cœurs. Cela signifie que la Parole de Dieu vient dans notre cœur et le cultive pour en faire une bonne terre.

Mais cela serait inutile si nous nous arrêtions après avoir labouré la terre. Nous devons semer les graines de la vérité et de la bonté dans le champ labouré afin de pouvoir porter les neuf fruits du Saint-Esprit et vivre les bénédictions des Béatitudes et de l'amour spirituel. Porter du fruit implique d'obéir aux commandements qui nous demandent de garder et de faire certaines choses. Lorsque nous gardons et mettons en pratique les commandements de Dieu, nous pouvons éventuellement porter des fruits.

Le processus pour devenir un homme d'esprit, comme mentionné dans la première partie de ce chapitre sur la « culture », est le même que pour cultiver le champ de notre cœur. Nous transformons le terrain en friche en un champ de bonne terre en labourant le sol, en retirant les pierres et en arrachant les mauvaises herbes. De même, nous devons rejeter toutes les œuvres et choses de la chair en obéissance à la Parole de Dieu qui nous dit de « ne pas faire » et de « rejeter » certaines choses. Chaque personne a différentes sortes de choses mauvaises. Donc, si nous arrachons la racine du mal que l'on trouve le plus difficile à rejeter, toutes les autres formes de mal qui s'y rattachent sortiront avec elle. Par exemple, si une personne qui a une grande mesure de jalousie arrache cette jalousie, d'autres formes de mal qui y sont attachées, comme la haine, la médisance et le mensonge, sortiront de cette personne.

Une fois que nous arrachons la racine principale de la colère, d'autres formes de mal, telles que l'irritation et la frustration, seront retirée également. Si nous prions et essayons de nous débarrasser de la colère, Dieu nous donne la grâce et la force et le Saint-Esprit nous aide à rejeter ces choses. Si nous continuons d'appliquer la Parole de vérité dans nos vies de tous les jours, nous aurons la plénitude du Saint-Esprit, et la force de la chair en sera affaiblie. Si l'on se mettait en colère dix fois par jour, mais que la fréquence se réduit à neuf fois, sept fois, cinq fois, la colère finira par disparaître. Ce faisant, si nous transformons notre cœur en un bon terrain, en rejetant toutes natures pécheresses, ce cœur devient le cœur de « l'esprit ».

En plus de cela, nous devons planter la Parole de vérité qui nous dit de faire et de garder certaines choses, comme aimer, pardonner, servir les autres et garder le jour du Sabbat. Nous ne commençons pas à nous remplir de la vérité seulement après avoir fini de rejeter tous les mensonges. Rejeter les mensonges et les remplacer par des vérités doit se faire en même temps. Lorsque nous n'avons que la vérité dans notre cœur suite à ce processus, nous pouvons être considérés comme étant devenu des personnes d'esprit.

L'une des choses que nous devons rejeter pour devenir des personnes d'esprit est le mal de notre nature originelle. Pour comparer avec le sol, ces choses mauvaises de la nature originelle sont comme les caractéristiques du sol. Ces choses mauvaises sont transmises des parents aux enfants à travers l'énergie de vie, également appelée « Chi ». En outre, si nous entrons en contact avec et acceptons de mauvaises choses au cours de notre croissance, notre nature en sera d'autant plus mauvaise. Le mal de notre nature originelle n'est pas révélé dans des circonstances ordinaires et il est difficile de s'en rendre compte.

Donc, même si nous avons rejeté tous les péchés et choses mauvaises qui se manifestent à la surface, se débarrasser du mal qui se trouve au plus profond de notre nature n'est pas une chose facile à accomplir. Pour y arriver, nous devons prier avec ardeur et déployer des efforts pour découvrir et rejeter ce mal.

Dans certains cas, nous connaitrons une stagnation dans notre croissance spirituelle après être arrivés à un certain point. Cela est dû à la perversité de notre nature. Pour supprimer les mauvaises herbes, il faut les arracher avec les racines, et ne pas uniquement arracher les feuilles et les tiges. De la même manière, nous ne pouvons avoir le cœur de l'esprit qu'après avoir réalisé le mal de notre nature et l'avoir arraché. Une fois que nous devenons une personne de l'esprit de cette façon, notre conscience sera la vérité elle-même et notre cœur ne sera rempli uniquement que de la vérité. Cela signifie que notre cœur deviendra esprit lui-même.

Les traces de la chair

Les hommes d'esprit n'ont aucun mal dans le cœur et, puisqu'ils sont pleins de l'esprit, ils sont toujours heureux. Mais ils ne sont pas encore parfaits. Ils ont encore des « traces de chair ». Les traces de chair sont liées aux personnalités ou à la nature originelle de chaque personne. Par exemple, certains sont vrais, justes et francs, mais manquent de compassion et de générosité. D'autres peuvent être plein d'amour et se réjouir de donner aux autres, mais peuvent être trop émotifs ou leurs paroles et comportements peuvent être grossiers.

Parce que ces caractères restent comme des traces de chair dans leur personnalité, ils en sont toujours affectés, même après être devenu des personnes de l'esprit. C'est le même principe que pour les vêtements qui ont des taches anciennes. La couleur d'origine du tissu ne peut pas être entièrement récupérée même si on les lave vigoureusement. Ces traces de chair ne peuvent pas être considérées comme mal, mais il faut les éliminer et être complètement rempli des neuf fruits de l'esprit, ce qui nous permettra d'entrer dans la plénitude de l'esprit. On peut dire qu'un cœur qui n'a aucun mensonge du tout tel un champ bien labouré est « esprit ». Lorsque les graines sont semées dans le cœur-champ bien cultivé et que ce dernier donne de beaux fruits de l'esprit, nous pouvons considérer ce cœur comme étant celui de la plénitude de l'esprit.

Lorsque le roi David est entré dans la dimension de l'esprit, Dieu a permis qu'il traverse une épreuve. Un jour David a ordonné à Joab de faire un recensement. Cela signifie qu'ils ont compté le nombre de personnes qui pourraient aller à la guerre. Joab savait que cela ne convenait pas aux yeux de Dieu et a essayé de dissuader de David de le faire. Mais David n'a pas voulu écouter. Ainsi, la colère de Dieu est survenue et beaucoup de gens sont morts de la peste.

David connaissait très bien la volonté de Dieu, alors comment a-t-il pu causer quelque chose comme cela ? David avait été chassé par le roi Saül pendant une longue période et a combattu de nombreuses batailles contre les païens. Il a même dû fuir et son propre fils menaçait sa vie Mais après une longue période, son pouvoir politique étant devenu très solide et la nation ayant gagné en puissance, David s'est relâché car son esprit a été mis à l'aise. Il voulait alors se vanter du grand nombre d'habitants de son pays.

Comme cela est dit en Exode 30:12 : « Lorsque tu compteras les enfants d'Israël pour en faire le dénombrement, chacun d'eux paiera à l'Eternel le rachat de sa personne, afin qu'ils ne soient frappés d'aucune plaie lors de ce dénombrement », Dieu avait commandé une fois aux fils d'Israël de faire un recensement après l'Exode, mais uniquement dans le but d'organiser ce peuple. Chacun d'entre eux devait payer une rançon pour lui-même à l'Éternel afin de se rappeler que chacun avait la vie grâce à la protection de Dieu et donc de rester humbles. Un recensement n'est pas un péché en soi, on pouvait en organiser lorsque cela était nécessaire. Mais Dieu cherchait l'humilité dans la réalisation que le fait qu'il y ait tant d'habitants venait de Dieu.

Toutefois, David a organisé un recensement même si celui-ci n'était pas commandé par Dieu. Cela révèle essentiellement l'état de son cœur qui ne s'est pas confié en Dieu mais dans les hommes, car un nombre de personnes signifiait qu'il avait beaucoup de soldats et que sa nation était forte. Lorsque David a réalisé son erreur, il s'est repenti immédiatement, mais il se trouvait déjà sur le chemin de grandes épreuves. La peste a atteint toute la terre d'Israël et 70 000 personnes en sont mortes instantanément.

Bien sûr, le fait que beaucoup de gens soient morts n'est pas uniquement dû à l'arrogance de David. Le roi peut effectuer un recensement à tout moment, et son intention n'était pas de pécher. Par conséquent, du point de vue humain, nous ne pouvons pas dire qu'il ait péché. Mais aux yeux du Dieu parfait, David ne s'est pas reposé entièrement sur Dieu et a été arrogant.

Certaines choses ne constituent pas un mal aux yeux des hommes, mais pour le Dieu parfait, il s'agit de choses mauvaises. Il s'agit de « traces de chair » qui restent après que l'on devienne sanctifié. Dieu a permis une telle épreuve sur la terre d'Israël au travers de David afin de le rendre encore plus parfait en supprimant les traces de chair. Mais la raison fondamentale pour laquelle la peste est survenue sur la terre d'Israël est que les péchés du peuple ont suscités la colère de Dieu. 2 Samuel 24:1 nous dit, en effet : « La colère de l'Eternel s'enflamma de nouveau contre Israël, et il excita David contre eux, en disant: Va, fais le dénombrement d'Israël et de Juda. »

Ainsi, durant la peste, les gens de bien ont pu être sauvés et n'ont pas subi la punition. Ceux qui sont morts sont ceux qui avaient commis des péchés inacceptables pour Dieu. Cependant, David a pleuré et s'est repenti sérieusement après avoir vu les gens mourir à cause de son comportement. Dieu a donc accompli deux objectifs, mais par un seul incident. Il a puni le peuple pécheur et a en même temps encore raffiné David.

Après la punition, Dieu laisse David donner une offrande à l'aire de battage d'Araunah. David a fait ce que Dieu lui a demandé de faire. Il a repris sa place et a commencé à préparer la construction du Temple, et nous pouvons donc voir qu'il avait retrouvé la grâce de Dieu. Au travers de cette épreuve, David s'est humilié encore davantage et cela a été une étape pour lui avancer vers la plénitude d'esprit.

Preuves de la plénitude d'esprit

Si nous atteignons le niveau de plénitude d'esprit, il y aura des preuves, c'est-à-dire que nous porterons des fruits abondants de l'esprit. Mais cela ne signifie pas que nous ne porterons aucun fruit avant d'atteindre le niveau de la plénitude d'esprit. Les hommes d'esprit sont en train de récolter les fruits de l'amour spirituel, les fruits de la Lumière, les neuf fruits du Saint-Esprit et des Béatitudes. Comme ils sont encore dans le processus de croissance des fruits, ils ne portent pas encore entièrement ces fruits. Chaque homme d'esprit développe ses fruits spirituels à des niveaux différents.

Par exemple, si quelqu'un obéit aux commandements de Dieu qui nous disent de « garder » et de « rejeter » certaines choses, cette personne n'aura pas de haine ou de rancune peu importe la situation. Par contre, il y aura des différences dans la mesure avec laquelle les fruits sont portés entre différentes personnes d'esprit en ce qui concerne les commandements de Dieu, qui invite à « faire » certaines choses. Par exemple, Dieu nous dit d'aimer. Il existe un niveau où vous ne ressentez tout simplement pas de haine pour les autres, mais il en existe encore un autre par lequel vous pouvez toucher le cœur des autres pour vos actes de service. En outre, il existe même un niveau où vous pourriez même donner votre vie pour les autres. Quand ce genre d'œuvres est invariable et parfait, on peut dire que vous avez cultivé la plénitude d'esprit.

Il existe également des différences entre chacune des mesures de développement des fruits du Saint-Esprit. Dans le cas des hommes d'esprit, quelqu'un peut porter un certain fruit à 50% de la pleine mesure et un autre fruit à 70%. On peut être riche en amour mais manquer de maîtrise de soi, ou faire preuve d'une grande fidélité, mais sans humilité.

Cependant, les hommes de plénitude d'esprit portent tous chacun des fruits du Saint-Esprit complètement et dans leur mesure totale. Le Saint-Esprit dirige et contrôle leur cœur à 100% et ils connaissent donc l'harmonie en toutes choses, sans manquer de rien. Ils sont animés d'une passion brûlante pour le Seigneur tout en ayant une parfaite maîtrise de soi, et se comportent de manière appropriée dans chaque situation.

Ils sont doux et gentils comme un morceau de coton, et

pourtant ils ont la dignité et l'autorité du lion. Ils ont l'amour de rechercher l'intérêt des autres en toutes choses et sacrifient même leur propre vie pour les autres, mais ils n'ont pas de parti pris. Ils obéissent à la justice de Dieu. Même lorsque Dieu leur ordonne de faire quelque chose d'impossible par les capacités humaines, ils obéissent simplement avec un « Oui » et un « Amen ».

En apparence, les actes d'obéissance des hommes d'esprit et des hommes de plénitude d'esprit peuvent se ressembler mais, en fait, ils sont différents. Les hommes d'esprit obéissent parce qu'ils aiment Dieu tandis que les hommes de plénitude d'esprit obéissent parce qu'ils comprennent la profondeur du cœur de Dieu et Ses intentions. Les hommes de plénitude d'esprit sont devenus de vrais enfants de Dieu qui ont Son cœur, et ce après avoir atteint la pleine mesure de Christ dans tous les aspects de leur vie. Ils poursuivent la sanctification en toutes choses, sont en paix avec tout le monde et sont fidèles à la maison de Dieu.

1 Thessaloniciens 4:3 nous dit : « Ce que Dieu veut, c'est votre sanctification; c'est que vous vous absteniez de la débauche. » Et 1 Thessaloniciens 5:23 déclare : « Que le Dieu de paix vous sanctifie lui-même tout entiers, et que tout votre être, l'esprit, l'âme et le corps, soit conservé irréprochable, lors de l'avènement de notre Seigneur Jésus-Christ! Celui qui vous a appelés est fidèle, et c'est lui qui le fera. »

Lors du retour de notre Seigneur Jésus-Christ, Il reviendra prendre ses enfants avant la tribulation de sept ans. Cela signifie que nous devons atteindre le niveau de plénitude d'esprit et nous garder entiers pour aller à la rencontre du Seigneur avant que ces choses n'arrivent. Lorsque nous atteignons la plénitude d'esprit, notre âme et notre corps appartiennent à l'esprit et, étant sans reproche, nous serons en mesure de recevoir le Seigneur.

Bénédiction données aux hommes d'esprit et de plénitude d'esprit

L'âme des hommes d'esprit est prospère, de sorte que toutes choses prospèrent chez eux et qu'ils sont en bonne santé (3 Jean 1:2). Ils ont rejeté le mal de la profondeur de leur cœur et sont donc de saints enfants de Dieu dans le véritable sens de l'expression. Ils peuvent profiter de l'autorité spirituelle des enfants de la Lumière.

Premièrement, ils sont en bonne santé et ne contractent pas de maladies. Une fois que nous entrons dans l'esprit, Dieu nous protège des maladies et des accidents, et nous pouvons jouir d'une vie saine. Même quand nous vieillissons, nous ne ferons pas notre âge, ne deviendront pas faibles et nous n'aurons pas non plus de rides. Et, si nous entrons dans la plénitude d'esprit, même les rides seront raffermies. Les personnes de plénitude d'esprit rajeunissent et reprennent des forces.

Quand Abraham a passé avec succès l'épreuve de l'offrande d'Isaac, Il est entré dans la plénitude d'esprit : il a eu des enfants même après avoir atteint l'âge de 140 ans. Cela signifie qu'il a été rajeuni. En outre, Moïse était plus humble et doux que n'importe qui d'autre sur la face de la terre et a donc travaillé vigoureusement pendant 40 ans après avoir reçu l'appel de Dieu à l'âge de 80 ans. Même à 120 ans « sa vue n'était point affaiblie, et sa vigueur n'était point passée » (Deutéronome 34:7).

Deuxièmement, les hommes d'esprit n'ont aucun mal dans le cœur et, donc, l'ennemi, le diable et Satan ne peuvent pas les entraîner dans des épreuves ou des tentations. 1 Jean 5:18 affirme : « Nous savons que quiconque est né de Dieu ne pratique pas le péché; mais celui qui est né de Dieu se garde lui-même, et le malin ne le touche pas. » L'ennemi, le diable et Satan accusent les hommes de chair et leur apportent des épreuves et des tentations.

Job était au début dans un état où il n'avait pas rejeté tout le mal de sa nature, de sorte que lorsque Satan l'a accusé devant Dieu, Dieu a permis que ces épreuves aient lieu. Job a pris conscience de son mal et s'est repenti lorsqu'il traversait ces épreuves provoquées par les accusations de Satan. Mais après avoir rejeté le mal de sa nature et être entré dans l'esprit, Satan n'a plus pu l'accuser. Dieu a donc béni Job avec une double portion de ce qu'il avait auparavant.

Troisièmement, les gens d'esprit entendent clairement la voix et reçoivent la direction du Saint-Esprit, ils sont donc guidés vers le chemin de la prospérité en toutes choses. Pour les hommes d'esprit, leur cœur a lui-même été changé en vérité, et ils vivent donc réellement la Parole de Dieu. Tout ce qu'ils font est conforme à la vérité. Ils reçoivent des indications claires du Saint-Esprit et lui obéissent. En outre, s'ils prient pour quelque chose, ils persévèrent avec une foi immuable jusqu'à ce que leur prière soit exaucée.

Si nous obéissons en tout temps de cette façon, Dieu nous guidera et nous donnera sagesse et discernement. Si nous laissons tout complètement entre les mains de Dieu, Il nous protégera, même si nous prenons par erreur une direction qui n'est pas conforme à Sa volonté, et même si une fosse est placée sur notre chemin, Il nous en fera faire le tour ou travaillera pour que tout contribue pour le bien.

Quatrièmement, les hommes d'esprit reçoivent rapidement tout ce qu'ils demandent, ils peuvent même recevoir la réponse juste en souhaitant quelque chose dans le cœur. En 1 Jean 3:21-22, il est écrit : « Bien-aimés, si notre cœur ne nous condamne pas, nous avons de l'assurance devant Dieu. Quoi que ce soit que nous demandions, nous le recevons de lui, parce que nous gardons ses commandements et que nous faisons ce qui lui est agréable. » Cette bénédiction viendra sur eux.

Même ceux qui n'ont pas de compétences ou de connaissances particulières peuvent recevoir non seulement des bénédictions spirituelles, mais aussi des bénédictions matérielles en abondance, mais seulement s'ils deviennent des personnes de l'esprit, car Dieu va préparer tout pour eux et Il les guidera.

Lorsque nous semons et demandons avec foi, nous recevons la bénédiction pressée, secouée et qui déborde (Luc 6:38), mais une fois que nous devenons des personnes d'esprit, nous récoltons 30 fois plus et lorsque l'on atteint la plénitude d'esprit, nous récoltons 60 ou 100 fois plus. Ces hommes d'esprit et de plénitude d'esprit peuvent recevoir tout simplement en y pensant dans le cœur.

Les bénédictions données aux hommes de plénitude d'esprit ne peuvent être adéquatement décrites. Ils prennent plaisir en Dieu et Dieu prend plaisir en eux et, comme cela est écrit dans le Psaume 37:4 : « Fais de l'Eternel tes délices, et il te donnera ce que ton cœur désire », Dieu, de Son côté, leur donne tout ce dont ils ont besoin, que ce soit l'argent, la réputation, l'autorité ou la santé.

Ces gens ont l'impression que rien ne leur fait défaut au niveau personnel et ils n'ont aucun sujet de prières personnel. Du coup, ils prient toujours pour le royaume et la justice de Dieu et pour les âmes qui ne Le connaissent pas. Leurs prières sont d'un bel et épais arôme devant Dieu car elles sont bonnes, sans rien de mauvais, et se concentrent sur les âmes. Ainsi, Dieu se réjouit beaucoup en eux.

Lorsque ceux qui sont entrés dans la plénitude d'esprit aiment les âmes et élèvent des prières ferventes, ils peuvent aussi manifester une puissance étonnante comme dans Actes 1:8 : « Mais vous recevrez une puissance, le Saint-Esprit survenant sur vous, et vous serez mes témoins à Jérusalem, dans toute la Judée, dans la Samarie, et jusqu'aux extrémités de la terre. » Comme nous l'avons vu, les hommes d'esprit et de plénitude d'esprit aiment Dieu au plus haut degré, sont agréables à Dieu et reçoivent toutes les bénédictions promises dans la Bible.

Chapitre 2
Le dessein originel de Dieu

Dieu ne voulait pas qu'Adam vive éternellement sans connaître le vrai bonheur, la vraie joie, la vraie grâce et le véritable amour. C'est pour cette raison qu'Il a placé l'arbre de la connaissance du bien et du mal afin qu'Adam puisse éventuellement éprouver toutes les choses charnelles.

Pourquoi Dieu n'a-t-Il pas créé les hommes en tant qu'esprits ?

L'importance du libre arbitre et de garder la Parole de Dieu à l'esprit

Le but de la création des êtres humains

Dieu veut être glorifié par de vrais enfants

La culture humaine est un processus au cours duquel des hommes de chair redeviennent à nouveau des hommes d'esprit. Si nous ne comprenons pas ce fait et allons simplement à l'église, cela n'a pas de sens. Beaucoup de gens vont à l'église mais ne sont pas nés de nouveau par le Saint-Esprit, et donc ils n'ont aucune assurance du salut. Le but de la vie dans la foi chrétienne est non seulement de recevoir le salut, mais encore de récupérer l'image de Dieu et de partager notre amour avec Dieu et Lui rendre gloire pour toujours comme Ses vrais enfants.

Quelle était donc l'intention originelle de Dieu en créant Adam comme un esprit vivant et en dirigeant la culture des hommes sur cette terre ? En Genèse 2:7-8, il est écrit : « L'Eternel Dieu forma l'homme de la poussière de la terre, il souffla dans ses narines un souffle de vie et l'homme devint une âme vivante. Puis l'Eternel Dieu planta un jardin en Eden, du côté de l'orient, et il y mit l'homme qu'il avait formé. »

Dieu a créé les cieux et la terre principalement par Sa Parole. Mais, pour ce qui est de l'homme, Il l'a façonné de Ses propres mains. En outre, l'armée céleste et les anges dans le ciel ont tous été créés comme des esprits. Cependant, même si l'intention était que l'homme aussi vive finalement dans le ciel, cela n'était pas le cas pour eux. Quelle est la raison pour laquelle Dieu a entrepris un tel processus complexe de création de l'homme à partir de la poussière du sol ? Pourquoi n'a-t-Il pas tout simplement créé les hommes comme des esprits dès le départ ? C'est là le cœur du plan spécial de Dieu.

Pourquoi Dieu n'a-t-Il pas créé les hommes en tant qu'esprits ?

Si Dieu avait créé les hommes simplement comme esprit et non pas de la poussière du sol, les hommes n'auraient pas pu faire l'expérience de quoi que ce soit de la chair. S'ils avaient été créés uniquement en tant qu'esprits, ils auraient obéi à la Parole de Dieu et n'auraient jamais mangé de l'arbre de la connaissance du bien et du mal. Le caractère de sol peut être modifié en fonction de ce que vous y plantez. La raison pour laquelle Adam pouvait se corrompre malgré le fait qu'il se trouvait dans un espace spirituel se trouve dans le fait qu'il a été créé de la poussière du sol. Cela ne signifie toutefois pas qu'il était corrompu dès le début.

Le jardin d'Éden est un espace spirituel rempli de l'énergie de Dieu, et il était donc impossible pour Satan de planter tous les attributs charnels dans le cœur d'Adam. Néanmoins, parce que Dieu a donné à Adam le libre arbitre, il a pu accepter la chair s'il en avait le désir. Bien qu'il ait été un esprit vivant, la chair pouvait entrer en lui s'il l'acceptait volontairement. Après qu'un long moment se soit passé, il a ouvert son cœur à la tentation de Satan et a accepté la chair.

En fait, la raison pour laquelle Dieu a donné le libre-arbitre aux hommes était en premier lieu pour la culture humaine. Si Dieu n'avait pas donné de libre-arbitre à Adam, celui-ci n'aurait absolument rien accepté de charnel du tout. Cela veut dire aussi que la culture humaine n'aurait jamais eu lieu. Dans la providence de Dieu pour l'humanité, la culture humaine devait avoir lieu et, dans Son omniscience, Dieu n'a pas créé Adam en tant qu'être spirituel.

L'importance du libre arbitre et de garder la Parole de Dieu à l'esprit

Genèse 2:17 nous dit : « …mais tu ne mangeras pas de l'arbre de la connaissance du bien et du mal, car le jour où tu en mangeras, tu mourras » (LSG). Comme nous l'avons vu, il y avait une profonde providence de Dieu dans Sa création d'Adam à partir de la poussière du sol et dans le fait qu'Il lui a donné le libre-arbitre. C'était en vue de la culture humaine. Les êtres humains ne peuvent devenir de vrais enfants de Dieu qu'après être passés par le processus de la culture humaine.

L'une des raisons pour lesquelles le péché est entré en Adam était qu'il avait le libre arbitre, mais l'autre raison est qu'il n'a pas gardé la Parole de Dieu dans son esprit. Garder la Parole de Dieu consiste à graver Sa Parole dans le cœur et la mettre en pratique de façon constante.

Certaines personnes continuent de commettre les mêmes

erreurs tandis que d'autres ne font pas la même erreur deux fois. Cela provient de la différence entre le fait de garder une chose à l'esprit ou de ne pas la garder. Le péché est entré en Adam parce qu'il ne connaissait pas l'importance du fait de garder la Parole de Dieu dans son esprit. D'autre part, on peut regagner l'état de personnes d'esprit en gardant la Parole de Dieu dans notre esprit et en lui obéissant. Voilà pourquoi il est important de garder la Parole de Dieu dans notre esprit.

Pour les personnes dont les esprits étaient morts à cause du péché originel, si elles acceptent Jésus-Christ et reçoivent le Saint-Esprit, leurs esprits morts sont ranimés. Á partir de ce moment-là, alors que ces personnes gardent la Parole de Dieu à l'esprit et la mettent en pratique dans leur vie, elles donneront naissance à l'esprit par l'Esprit et seront en mesure d'atteindre rapidement la croissance spirituelle. Par conséquent, garder la Parole de Dieu et la mettre en pratique de façon fidèle joue un rôle très important dans la récupération de l'esprit.

Le but de la création des êtres humains

Il y a beaucoup d'êtres spirituels dans le ciel, comme les anges qui obéissent à Dieu tout le temps. Mais, sauf dans quelques cas très particuliers, ils n'ont pas l'humanité. Ils n'ont pas de libre arbitre par lequel ils peuvent choisir de partager leur amour. C'est pourquoi Dieu a créé le premier homme, Adam, comme un être avec lequel Il pourrait partager son amour véritable.

Imaginez un instant Dieu rempli de joie en travaillant à la création du premier homme, Adam. En moulant les lèvres d'Adam, Dieu a voulu qu'il proclame les louanges de Dieu, en faisant ses oreilles, Il a voulu qu'Il entende Sa voix et Lui obéisse, en faisant ses yeux, il a voulu qu'il puisse voir et ressentir la beauté de toutes les choses qu'Il avaient créées et Lui rendre gloire.

Le but de Dieu en créant les êtres humains était de recevoir les louanges et la gloire au travers d'eux et de partager Son amour avec eux. Il voulait des enfants avec lesquels Il pourrait partager la beauté de toutes les choses de l'univers et du ciel. Il voulait jouir du bonheur avec eux pour toujours.

Dans le livre de l'Apocalypse, nous voyons ces enfants de Dieu qui sont sauvés louer et adorer devant le trône de Dieu pour l'éternité. Quand ils arrivent au ciel, tout est tellement beau et joyeux qu'ils ne peuvent pas s'empêcher de faire l'éloge de Dieu et de le louer du plus profond de leur cœur pour la providence de Dieu qui est si profonde et mystérieuse.

Les hommes ont été créés comme des esprits vivants mais sont devenus des êtres de chair. Cependant, s'ils redeviennent des hommes d'esprit après avoir subi toutes sortes de joie, de colère, d'amour, de douleurs, ils peuvent devenir de vrais enfants de Dieu qui rendent amour, grâce et gloire à Dieu du fond de leur cœur.

Quand Adam vivait dans le jardin d'Éden, il ne pouvait pas être considéré comme un véritable enfant de Dieu. Dieu ne lui a enseigné que la bonté et la vérité, et il ne savait donc pas ce qu'étaient le péché et le mal. Il n'avait aucune idée de ce qu'étaient le malheur et la souffrance. Le jardin d'Éden est un espace spirituel et il n'y a pas de mort là-bas.

Adam ne connaissait donc pas la signification de la mort. Bien qu'il ait vécu dans une si grande abondance et une telle richesse, il ne pouvait pas ressentir le vrai bonheur, la vraie joie ou la véritable reconnaissance. Parce qu'il n'avait jamais connu de souffrances ou de malheurs, il ne pouvait pas non plus ressentir une vraie joie ou un vrai bonheur. Il ne savait pas ce que c'était la haine et il ne connaissait pas le véritable amour. Dieu ne voulait pas qu'Adam vive éternellement sans connaître le vrai bonheur, la vraie joie, la vraie grâce et le véritable amour. C'est pourquoi Il a placé l'arbre de la connaissance du bien et du mal dans le Jardin d'Éden pour qu'Adam puisse finalement faire l'expérience de la chair.

Quand ceux qui ont connu le monde charnel deviennent enfants de Dieu, ils comprennent alors vraiment combien l'esprit est bon et à combien la vérité est précieuse. Ils peuvent alors rendre réellement grâce à Dieu qui leur a donné le don de la vie éternelle. Lorsque nous comprendrons ce cœur de Dieu, nous ne remettrons pas en question l'intention de Dieu qui a planté l'arbre de la connaissance du bien et du mal à cause duquel les gens ont souffert. Au contraire, nous rendrons grâce et gloire à Dieu d'avoir donné Son Fils unique, Jésus, pour sauver l'humanité.

Dieu veut être glorifié par de vrais enfants

Dieu cultive l'humanité non seulement pour gagner de vrais enfants, mais aussi pour être glorifié au travers d'eux. Ésaïe 43:7

dit : « Tous ceux qui s'appellent de mon nom, et que j'ai créés pour ma gloire, que j'ai formés et que j'ai faits. » De plus, 1 Corinthiens 10:31 nous exhorte : « Soit donc que vous mangiez, soit que vous buviez, soit que vous fassiez quelque autre chose, faites tout pour la gloire de Dieu. »

Dieu est le Dieu de l'amour et de la justice. Il a non seulement préparé pour nous le ciel et la vie éternelle, mais Il a également donné son unique fils pour nous sauver. Dieu est digne de recevoir la gloire ne serait-ce que pour ce seul fait. Mais Dieu ne voulait pas uniquement recevoir la gloire. La raison ultime pour laquelle Dieu veut recevoir la gloire est qu'Il veut rendre la gloire à ceux qui Le glorifient. Jean 13:32 déclare : « ...si Dieu a été glorifié en lui, Dieu aussi le glorifiera en lui-même, et il le glorifiera bientôt. »

Lorsque Dieu reçoit la gloire au travers de nous, il nous donne une abondance de bénédictions sur cette terre et Il nous donnera aussi la gloire éternelle dans le Royaume des cieux. 1 Corinthiens 15:41 nous dit : « Autre est l'éclat du soleil, autre l'éclat de la lune, et autre l'éclat des étoiles; même une étoile diffère en éclat d'une autre étoile. »

Ce passage nous renseigne sur les différences dans les demeures et la gloire dont chacun d'entre nous qui sommes sauvés jouiront dans le Royaume des cieux. Les demeures célestes et la gloire données seront décidées en fonction d'à quel point nous avons rejeté les péchés pour avoir un cœur pur et saint et servons fidèlement le royaume de Dieu. Une fois données, ces demeurent ne peuvent pas être changées.

Dieu a créé les hommes pour avoir de vrais enfants qui appartiennent à l'esprit. Le plan original de Dieu pour les hommes est qu'ils choisissent dans leur propre libre-arbitre de se débarrasser de la chair et de l'âme qui appartient au mensonge et de se changer en hommes d'esprit et de plénitude d'esprit. Cette volonté originelle de Dieu en créant et en cultivant les êtres humains sera satisfaite par ces personnes qui deviennent des hommes d'esprit et de plénitude d'esprit.

Selon vous, combien de personnes vivantes aujourd'hui mènent des vies dignes de l'objectif divin de création des êtres humains ? Si nous voulons vraiment comprendre le but de Dieu lorsqu'Il a créé les êtres humains, nous devons certainement récupérer l'image de Dieu perdue à cause du péché d'Adam. Alors, nous verrions, entendrions et ne parlerions que dans la vérité et toutes nos pensées et actes seraient saints et parfaits. C'est comme cela que nous devenons de vrais enfants de Dieu qui donnent plus de joie que la joie que Dieu a ressentie après la création du premier homme, Adam. Ces vrais enfants de Dieu pourront profiter d'une gloire dans le ciel qui ne peut être comparée à la gloire dont l'esprit vivant, Adam, jouissait dans le jardin d'Éden !

Chapitre 3
L'être humain véritable

Dieu a créé les hommes à Sa propre image. La volonté profonde de Dieu est que nous retrouvions l'image de Dieu perdue et participions à la nature divine de Dieu.

Le devoir des hommes

Dieu marchait avec Hénoc

Abraham, ami de Dieu

Moïse aimait son peuple plus que sa propre vie

L'apôtre Paul est apparu comme Dieu

Il les a appelés dieux

Si nous mettons en pratique la Parole de Dieu, nous pouvons récupérer un cœur d'esprit rempli de la connaissance de la vérité semblable à celui d'Adam, qui était un esprit vivant avant de pécher. Le devoir de l'homme est de récupérer l'image de Dieu qui a été perdue à cause du péché d'Adam et de participer à la nature divine de Dieu. Dans la Bible, nous pouvons voir que ceux qui ont reçu la Parole de Dieu et l'ont communiquée, qui ont parlé des choses secrètes de Dieu et ont manifesté Sa puissance pour révéler le Dieu vivant, étaient considérés comme nobles au point que même les rois s'inclinaient devant eux. C'est parce qu'ils étaient de vrais enfants du Dieu Très-Haut (Psaume 82:6).

Nebucadnetsar, le roi de Babylone, a eu un jour un rêve et est devenu anxieux. Il a appelé les magiciens et les Chaldéens pour qu'ils lui disent de quoi il avait rêvé et en donner l'interprétation, mais sans leur raconter le rêve. Cela était impossible pour la puissance humaine, mais pas pour Dieu qui ne vit pas dans un corps humain.

Alors Daniel, qui était un homme de Dieu, a demandé au roi de lui permettre de lui donner l'interprétation de son rêve. Dieu a montré à Daniel des choses secrètes dans une vision durant la nuit. Puis, Daniel s'est présenté devant le roi et lui a raconté le rêve et en a donné l'interprétation. Le roi Nebucadnetsar est alors tombé sur sa face, a rendu hommage à Daniel, a donné des ordres de lui présenter une offrande et de l'encens odoriférant et a ainsi rendu gloire à Dieu.

Le devoir des hommes

Le roi Salomon jouissait de plus de splendeur et de richesse que toute autre personne vivant à son époque. Sur les bases du royaume uni que son père, David, avait créé, la puissance de son pays a progressé encore davantage et de nombreux pays voisins lui payaient un tribut. Le royaume était à l'apogée de sa splendeur au cours de son règne (1 Rois 10).

Cependant, avec le temps, Salomon a oublié la grâce de Dieu. Il s'est mis à croire que tout avait été fait par son pouvoir à lui seul. Il a négligé la Parole de Dieu et a violé le commandement de Dieu qui interdisait d'épouser des femmes païennes. Á la fin de sa vie, il a pris de nombreuses concubines parmi les Gentils. En outre, il a établi des hauts lieux selon les désirs de ces concubines païennes, et adorait lui-même ces idoles également.

Dieu l'a averti à deux reprises de ne pas suivre d'autres dieux étrangers mais Salomon n'a pas obéi. Enfin, la colère de Dieu s'est abattue sur ce le peuple au cours de la génération suivante et Israël a été divisé en deux royaumes. Il pouvait avoir tout ce qu'il voulait mais, dans ses derniers jours, il a déclaré : « Vanité des vanités, dit l'Ecclésiaste, vanité des vanités, tout est vanité » (Ecclésiaste 1:2).

Il s'est rendu compte que toutes les choses de ce monde étaient dénuées de sens et il en a conclu : « Les paroles des sages sont comme des aiguillons; et, rassemblées en un recueil, elles sont comme des clous plantés; elles sont données par un seul maître » (Ecclésiaste 12:13). Il a déclaré que le devoir de l'homme est de craindre Dieu et de garder Ses commandements.

Qu'est-ce que cela signifie ? La crainte de Dieu est la haine du mal (Proverbes 8:13). Ceux qui aiment Dieu rejettent le mal et gardent Ses commandements et, de cette façon, ils remplissent tout le devoir des hommes. Nous pouvons être considérés comme des êtres humains complets quand nous cultivons un cœur semblable à celui du Seigneur pour retrouver complètement l'image de Dieu. Nous allons à présent nous pencher sur des exemples tirés de la vie de certains patriarches et d'hommes dont la vraie foi a plu à Dieu.

Dieu marchait avec Hénoc

Dieu a marché avec Hénoc pendant trois cents ans puis Dieu l'a repris encore vivant. Le salaire du péché, c'est la mort, et le fait que Hénoc ait été emmené au ciel sans voir la mort est la preuve que Dieu l'a reconnu être sans péché. Il a cultivé un cœur pur et sans tache qui ressemblait au cœur de Dieu. C'est pourquoi Satan n'a pas pu l'accuser de quoi que ce soit quand il a été repris de son vivant.

Genèse 5:21-24 raconte son histoire comme suit : « Hénoc, âgé de soixante-cinq ans, engendra Metuschélah. Hénoc, après la naissance de Metuschélah, marcha avec Dieu trois cents ans; et il engendra des fils et des filles. Tous les jours d'Hénoc furent de trois cent soixante-cinq ans. Hénoc marcha avec Dieu; puis il ne fut plus, parce que Dieu le prit. »

« Marcher avec Dieu » signifie que Dieu est avec une personne tout le temps. Hénoc a vécu selon la volonté de Dieu pendant trois cents ans. Dieu était avec lui partout où il allait.

Dieu est la Lumière, la bonté et l'amour même. Pour marcher avec un tel Dieu, nous ne devons pas avoir de ténèbres dans le cœur et nous devons être remplis de bonté et d'amour. Hénoc a vécu dans un monde pécheur mais il se gardait pur. Il a également délivré le message de Dieu au monde. Jude 1:14 déclare : « C'est aussi pour eux qu'Hénoc, le septième depuis Adam, a prophétisé en ces termes: Voici, le Seigneur est venu avec ses saintes myriades. » Comme cela est écrit, il a enseigné les gens au sujet de la seconde venue du Seigneur et du jugement.

La Bible ne mentionne ni qu'Hénoc aurait réalisé de grandes choses, ni qu'il aurait accompli des choses extraordinaires pour Dieu. Mais Dieu l'aimait autant parce qu'il vénérait Dieu, a vécu une vie sainte et a évité tout mal. C'est pourquoi Dieu l'a repris à un « jeune âge ». Les gens de l'époque vivaient plus de 900 ans et il en avait 365 quand il a été repris. C'était donc un jeune homme vigoureux.

Hébreux 11:5 nous explique pourquoi il a pu être accueilli au ciel sans voir la mort : « C'est par la foi qu'Hénoc fut enlevé pour qu'il ne voie point la mort, et il ne parut plus parce que Dieu l'avait enlevé; car, avant son enlèvement, il avait reçu le témoignage qu'il était agréable à Dieu. »

Aujourd'hui encore, Dieu veut que nous vivions une vie sainte et pieuse avec un cœur pur et beau sans être souillés par le monde, et ce afin qu'Il puisse marcher avec nous tout le temps.

Abraham, ami de Dieu

Dieu a voulu que l'humanité sache ce qu'est un vrai enfant de Dieu au travers d'Abraham, le « père de la foi ». Abraham a été appelé « source de bénédiction » et « ami de Dieu ». Un ami est une personne en qui vous pouvez faire confiance et avec laquelle vous pouvez partager vos secrets. Bien sûr, il y a eu des temps de raffinement avant qu'Abraham puisse pleinement faire confiance à Dieu. Comment donc Abraham a-t-il fini par être reconnu comme un ami de Dieu ?

Abraham obéissait uniquement avec un « Oui » et un « Amen ». Quand il a reçu l'appel de Dieu de quitter sa ville natale, il a juste obéi sans savoir où aller. De plus, Abraham a cherché le bien des autres et a poursuivi la paix. Il vivait avec son neveu Lot et quand ils ont dû partir, il a donné à son neveu le droit de choisir la terre en premier. En tant qu'oncle, il avait le droit de choisir en premier mais il a cédé ce droit.

Abraham dit en Genèse 13:9 : « Tout le pays n'est-il pas devant toi? Sépare-toi donc de moi: si tu vas à gauche, j'irai à droite; si tu vas à droite, j'irai à gauche. »

Parce qu'Abraham a eu une telle noblesse de cœur, Dieu lui a réitéré Sa promesse de bénédiction. En Genèse 13:15-16, Dieu promet : « ...car tout le pays que tu vois, je le donnerai à toi et à ta postérité pour toujours. Je rendrai ta postérité comme la poussière de la terre, en sorte que, si quelqu'un peut compter la poussière de la terre, ta postérité aussi sera comptée. »

Un jour, une force unie de plusieurs rois ont attaqués Sodome et Gomorrhe, là où Lot, le neveu d'Abraham vivait, et ils ont pris le peuple et un butin de guerre. Abraham a fait sortir ses hommes, nés dans sa maison, 318 d'entre eux, et a poursuivi ces rois jusqu'à Dan. Il a ramené toutes les richesses, ainsi que son neveu Lot avec ses biens, les femmes et les personnes.

Le roi de Sodome a alors voulu donner le butin à Abraham pour le remercier, mais Abraham a répondu : « je ne prendrai rien de tout ce qui est à toi, pas même un fil, ni un cordon de soulier, afin que tu ne dises pas: J'ai enrichi Abram. Rien pour moi! » (Genèse 14:23). Il n'aurait pas été mal en soi de prendre quelque chose du roi, mais il a refusé cette offre pour montrer que toutes les bénédictions matérielles ne venaient que de Dieu. Il ne cherchait que la gloire de Dieu d'un cœur pur exempt de désirs égoïstes, et Dieu l'a béni abondamment.

Quand Dieu a ordonné à Abraham d'offrir son fils Isaac en holocauste, il a obéi immédiatement, car il croyait avec confiance que Dieu pouvait ramener les morts à la vie. Finalement, Dieu l'a établi père de la foi, en disant : « je te bénirai et je multiplierai ta postérité, comme les étoiles du ciel et comme le sable qui est sur le bord de la mer; et ta postérité possédera la porte de ses ennemis. Toutes les nations de la terre seront bénies en ta postérité, parce que tu as obéi à ma voix. » De plus, Dieu lui a promis que le Fils de Dieu, Jésus, qui permettrait de sauver l'humanité, serait de sa descendance.

Jean 15:13 déclare : « Il n'y a pas de plus grand amour que de donner sa vie pour ses amis. » Abraham était prêt à offrir son fils unique Isaac, qui lui était encore plus précieux que sa propre vie, manifestant ainsi son amour pour Dieu. Dieu a établi Abraham comme exemple parfait de la culture humaine en l'appelant ami de Dieu à cause de sa grande foi et de son grand amour pour Dieu.

Dieu est tout-puissant et donc Il peut tout faire et tout nous donner. Mais il donne à Ses enfants des bénédictions et des réponses à leurs prières dans la mesure où ils sont changés par la vérité au travers de la culture humaine, de sorte qu'ils puissent ressentir l'amour de Dieu en Le remerciant pour Ses bénédictions.

Moïse aimait son peuple plus que sa propre vie

Quand Moïse était prince d'Égypte, il a tué un Égyptien pour aider son peuple et il a dû fuir le palais du Pharaon. Depuis, il a vécu dans le désert en tant que berger pendant quarante ans.

Moïse était dans une position humble lorsqu'il faisait paître le troupeau dans le désert de Madian et il a dû renoncer à toute sa fierté et son auto-justice de prince d'Égypte. Dieu est apparu à ce Moïse humble et lui a donné le devoir de mener les enfants d'Israël hors d'Égypte. Moïse devait risquer sa vie pour accomplir cette mission mais il a obéi et est parti à la rencontre du Pharaon.

Si l'on considère le comportement des enfants d'Israël, nous pouvons voir quel cœur large Moïse avait quand il a accepté et dirigé tous ces gens. Quand le peuple avait des difficultés, il murmurait contre Moïse et ils ont même tenté de le lapider.

Quand ils n'avaient pas d'eau, ils se sont plaints qu'ils étaient assoiffés. Quand ils avaient de l'eau, ils se sont plaints qu'ils n'avaient pas de nourriture. Quand Dieu leur a donné la manne d'en haut, ils se sont plaints de ne pas avoir de viande. Ils ont dit qu'ils mangeaient de bonnes choses en Égypte et on méprisé la manne en disant qu'il s'agissait d'une nourriture misérable.

Quand Dieu a finalement détourné son visage loin d'eux, les serpents du désert sont sortis et ils les ont mordus. Mais ils ont encore pu être sauvés car Dieu a entendu la prière fervente de Moïse. Le peuple avait vu depuis longtemps que Dieu était avec Moïse, mais ils ont fabriqué un veau d'or pour en faire une idole et ils l'ont adoré alors que Moïse était à peine parti. Ils ont également été trompés par des femmes païennes à commettre le péché d'adultère, qui était aussi un adultère spirituel. Moïse a prié Dieu avec larmes pour le peuple. Il a offert sa vie en échange de leur pardon, même si ce peuple ne se souvenait pas de la grâce qu'il avait reçu.

Exode 32:31-32 nous dit :

Moïse retourna vers l'Eternel et dit: Ah! ce peuple a commis un grand péché. Ils se sont fait un dieu d'or. Pardonne maintenant leur péché! Sinon, efface-moi de ton livre que tu as écrit.

Ici, effacer son nom du livre signifie qu'il ne serait pas sauvé et qu'il subirait le feu éternel de l'enfer, qui est la mort éternelle. Moïse savait très bien cela, mais il voulait que le peuple soit pardonné, même si pour cela il devait se sacrifier lui-même de cette façon.

Que pensez-vous que Dieu a ressenti en voyant ce Moïse ? Moïse comprenait profondément le cœur de Dieu qui haïssait le péché mais qui voulait sauver les pécheurs, et Dieu a été satisfait de lui et l'aimait beaucoup. Dieu a entendu cette prière d'amour de Moïse et les fils d'Israël ont pu échapper à la destruction.

Imaginez que d'un côté il y ait un diamant. Il est impeccable et de la taille d'un poing. Puis, de l'autre côté se trouvent des milliers de cailloux de la même taille. Lequel de ces objets serait le plus précieux ? Peu importe le nombre de cailloux, personne ne voudra les échanger contre le diamant. De la même manière, la valeur de Moïse, personne qui a atteint le but de la culture humaine, était plus précieuse que des millions de personnes qui ne l'avaient pas atteint (Exode 32:10).

Nombres 12:3 parle de Moïse comme suit : « Or, Moïse était un homme fort patient, plus qu'aucun homme sur la face de la terre. » et en Nombres 12:7, Dieu ajoute : « Il n'en est pas ainsi de mon serviteur Moïse. Il est fidèle dans toute ma maison. »

La Bible nous dit dans plusieurs passages combien Dieu a aimé ce Moïse. Exode 33:11 déclare : « L'Eternel parlait avec Moïse face à face, comme un homme parle à son ami. » En Exode 33, nous voyons également que Moïse a demandé à Dieu de se montrer et que Dieu a accédé à sa demande.

L'apôtre Paul est apparu comme Dieu

L'apôtre Paul a consacré toute sa vie à travailler pour le Seigneur, et pourtant il avait toujours le cœur brisé par son passé, car il avait persécuté le Seigneur. Ainsi, il a traversé volontairement et avec reconnaissance toutes ces dures épreuves en disant : « car je suis le moindre des apôtres, je ne suis pas digne d'être appelé apôtre, parce que j'ai persécuté l'Eglise de Dieu » (1 Corinthiens 15:9).

Il a été emprisonné, battu un nombre incalculable de fois et souvent en danger de mort. Cinq fois il a reçu 39 coups de fouet de la part des Juifs. Trois fois il a été battu de verges, une fois il a été lapidé, trois fois il a fait naufrage, il a passé une nuit et un jour dans les profondeurs. Il a fait des voyages sans nombre, en danger sur les rivières, en danger à cause de brigands, en danger à cause de ses compatriotes, en danger à cause des païens, en danger dans la ville, en danger dans le désert, en danger sur la mer, en danger parmi les faux frères, il a connu la peine et les difficultés, a souvent passé des nuits sans sommeil, il a connu la faim et la soif, a souvent été sans nourriture, il a connu le froid et des conditions météorologiques extrêmes.

Ses souffrances étaient si grandes qu'il a écrit en 1 Corinthiens 4:9 : « Car Dieu, il me semble, a fait de nous, apôtres, les derniers des hommes, des condamnés à mort en quelque sorte, puisque nous avons été en spectacle au monde, aux anges et aux hommes. »

Quelle est donc la raison pour laquelle Dieu a permis que

l'apôtre Paul, qui était si fidèle, traverse ces grandes persécutions et ces épreuves ? Dieu a voulu que Paul devienne une personne avec un beau cœur clair comme du cristal. Paul n'avait personne sur qui compter mis à part Dieu dans ces situations dramatiques où il pouvait être arrêté ou tué à tout moment. Il a trouvé le confort et la joie en Dieu. Il s'est renié complètement et a cultivé le cœur du Seigneur.

La confession suivante de Paul est touchante car il est devenu une belle personne au travers d'épreuves. Il ne cherchait pas à éviter les difficultés, quoiqu'il ait été humainement trop difficile d'y résister. Il déclare son amour pour l'Église et ses membres en 2 Corinthiens 11:28 en ces mots : « Et, sans parler d'autres choses, je suis assiégé chaque jour par les soucis que me donnent toutes les Églises. »

En outre, en Romains 9:3, en parlant de ses compatriotes qui voulaient le tuer, il déclare : « Car je voudrais moi-même être anathème et séparé de Christ pour mes frères, mes parents selon la chair. » Ici, les expressions « mes frères, mes parents » se réfèrent aux Juifs et aux pharisiens qui ont si sévèrement persécuté et troublé Paul.

Actes 23:12-13 dit : « Quand le jour fut venu, les Juifs formèrent un complot, et firent des imprécations contre eux-mêmes, en disant qu'ils s'abstiendraient de manger et de boire jusqu'à ce qu'ils aient tué Paul. Ceux qui formèrent ce complot étaient plus de quarante. »

Paul n'a jamais rien fait pour les pousser à avoir des sentiments durs envers lui personnellement. Paul ne leur a jamais menti et il ne leur a jamais fait de mal. Mais c'est uniquement parce qu'il a prêché l'évangile et manifesté la puissance de Dieu qu'ils ont formé un groupe qui a juré de le tuer.

Néanmoins, il a prié pour que ces personnes soient sauvées, et était même prêt à perdre son propre salut pour cela. C'est la raison pour laquelle Dieu lui a donné un tel pouvoir : il a cultivé une grande bonté par laquelle il aurait pu sacrifier sa propre vie pour ceux qui ont essayé de lui faire du mal. Dieu lui a permis d'accomplir des œuvres extraordinaires, tels que le fait de chasser des mauvais esprits et des maladies rien qu'en touchant des mouchoirs ou des linges qui avaient été en contact avec les personnes malades.

Il les a appelé dieux

Jean 10:35 dit : « Si elle a appelé dieux ceux à qui la parole de Dieu a été adressée, et si l'Ecriture ne peut être anéantie... » Lorsque nous recevons la Parole de Dieu et la mettons en pratique, nous devenons des personnes de la vérité, à savoir des personnes d'esprit. C'est comme cela que l'on finit par ressembler à Dieu qui est esprit : en devenant un homme d'esprit et, encore mieux, un homme de plénitude d'esprit. Et, ainsi, nous pouvons devenir des êtres semblables à Dieu.

En Exode 7:1, il est écrit : « L'Eternel dit à Moïse: Vois, je te fais Dieu pour Pharaon; et Aaron, ton frère, sera ton prophète. » Par ailleurs, Exode 4:16 nous dit : « Il parlera pour toi au peuple; il te servira de bouche, et tu tiendras pour lui la place de Dieu. »

Comme il est écrit, Dieu a accordé à Moïse une grande puissance par laquelle Moïse a comparu devant les hommes à la place de Dieu.

En Actes 14, au nom de Jésus-Christ, l'apôtre Paul a permis qu'un homme qui n'avait jamais marché de toute sa vie se lève et marche. Lorsqu'il s'est levé et a sauté, les gens étaient tellement surpris qu'ils ont dit : « Les dieux sous une forme humaine sont descendus vers nous » (Actes 14:11). Comme dans cet exemple, ceux qui marchent avec Dieu peuvent apparaître comme Dieu, car ce sont des hommes d'esprit, même si ils ont des corps physiques.

C'est pourquoi il est écrit en 2 Pierre 1:4 : « ...celles-ci nous assurent de sa part les plus grandes et les plus précieuses promesses, afin que par elles vous deveniez participants de la nature divine, en fuyant la corruption qui existe dans le monde par la convoitise. »

Rendons-nous compte que c'est le désir ardent de Dieu que les hommes participent à Sa nature divine, et rejetons la chair qui périt et avec laquelle seul le pouvoir des ténèbres est heureux, donnons naissance à l'esprit par l'Esprit, et participons à la nature divine.

Une fois que nous atteignons le niveau de la plénitude d'esprit, nous avons retrouvé l'esprit complètement. Retrouver l'esprit signifie que nous avons récupéré l'image de Dieu qui a été perdue à cause du péché d'Adam, et donc que nous participons à la nature divine de Dieu.

Une fois que nous aurons atteint ce niveau, nous pourrons

recevoir la puissance qui appartient à Dieu. La puissance de Dieu est un don donné aux enfants qui ressemblent à Dieu (Psaume 62:11). Les preuves que l'on a reçu la puissance de Dieu sont les signes et les prodiges, les miracles extraordinaires, et des choses merveilleuses, qui sont tous manifestés par l'œuvre du Saint-Esprit.

Si nous recevons une telle puissance, nous pouvons conduire d'innombrables âmes sur le chemin de la vie et du salut. Pierre a accompli de nombreuses grandes œuvres par la puissance du Saint-Esprit.

Par une seule prédication, plus de cinq mille hommes ont été sauvés. La puissance de Dieu est la preuve que le Dieu vivant est avec une personne en particulier. Il s'agit aussi d'un moyen sûr de faire naitre la foi chez les gens.

Les gens ne voulaient pas croire du tout à moins de voir des miracles et des prodiges (Jean 4:48). C'est pourquoi Dieu manifeste Sa puissance par les hommes de plénitude d'esprit qui ont récupéré l'esprit complètement afin que des personnes puissent croire dans le Dieu vivant, le Sauveur Jésus-Christ, dans l'existence du Ciel et de l'Enfer et dans la véracité de la Bible.

Chapitre 4
Le royaume spirituel

La Bible mentionne souvent le royaume spirituel et l'expérience que les gens en faisaient. C'est également au royaume spirituel que nous irons après notre vie sur cette terre.

L'apôtre Paul connaissait les secrets du royaume spirituel

Le royaume spirituel infini représenté dans la Bible

Le paradis et l'enfer existent vraiment

La vie après la mort pour les âmes qui ne sont pas sauvées

Comme le soleil et la lune diffèrent en gloire

Le ciel ne peut pas être comparé au jardin d'Éden

La Nouvelle Jérusalem, le meilleur cadeau donné aux vrais enfants

Quand les gens qui ont récupéré l'image de Dieu perdue finissent leur vie terrestre, ils retournent au royaume spirituel. Contrairement à notre monde physique, le monde spirituel est un endroit sans limite. Nous ne pouvons pas en mesurer la hauteur, la profondeur ou la largeur.

Ce royaume spirituel si vaste est divisé en l'espace de lumière qui appartient à Dieu et l'espace des ténèbres autorisé aux mauvais esprits. Dans l'espace de lumière se trouve le Royaume des Cieux préparé pour les enfants de Dieu qui sont sauvés par la foi. Hébreux 11:1 déclare : « Or la foi est une ferme assurance des choses qu'on espère, une démonstration de celles qu'on ne voit pas. » Comme nous l'avons dit, le domaine spirituel est un monde qui ne peut pas être vu. Mais, comme la réalité du vent dans le monde physique ne peut être concrètement vue mais existe, en espérant dans la foi pour quelque chose que nous ne pouvons pas vraiment espérer dans ce monde physique, les preuves manifestes de son existence confirment qu'elle existe.

La foi est le portail qui nous relie au royaume spirituel. C'est comme cela que nous qui vivons dans ce monde physique pouvons répondre à Dieu qui se trouve dans le monde spirituel.

Par la foi, nous pouvons communiquer avec Dieu qui est esprit. Nous pouvons entendre et comprendre la Parole de Dieu avec nos oreilles spirituelles ouvertes et nos yeux spirituels ouverts, nous pouvons voir le royaume spirituel qui ne peut pas être vu avec nos yeux physiques.

Plus notre foi augmente, plus notre espoir pour le royaume des cieux sera grand et mieux nous comprendrons la profondeur du cœur de Dieu. Lorsque nous réalisons et ressentons Son amour, nous ne pouvons nous empêcher de L'aimer. En outre, une fois que nous possédons une foi parfaite, les choses du monde spirituel se produiront, choses absolument impossibles dans ce monde physique, car Dieu sera avec nous.

L'apôtre Paul connaissait les secrets du royaume spirituel

En 2 Corinthiens 12:1 et versets suivants, Paul explique son expérience du royaume spirituel par ces mots : « Il faut se glorifier...Cela n'est pas bon. J'en viendrai néanmoins à des visions et à des révélations du Seigneur. » Il traite ensuite de son expérience du Paradis du royaume céleste dans le troisième ciel.

En 2 Corinthiens 12:6 il déclare : « Si je voulais me glorifier, je ne serais pas un insensé, car je dirais la vérité; mais je m'en abstiens, afin que personne n'ait à mon sujet une opinion supérieure à ce qu'il voit en moi ou à ce qu'il entend de moi. » L'apôtre Paul a eu de nombreuses expériences spirituelles et a reçu des révélations de Dieu, mais il ne pouvait pas parler de tout ce qu'il savait sur le royaume spirituel.

En Jean 3:12, Jésus a dit : « Si vous ne croyez pas quand je vous ai parlé des choses terrestres, comment croirez-vous quand je vous parlerai des choses célestes? » Même après avoir vu tant d'œuvres puissantes de leurs propres yeux, les disciples de Jésus ne pouvaient pas complètement croire en Jésus. Ils ne sont parvenus à la vraie foi qu'après avoir été témoins de la résurrection du Seigneur. Après cela, ils ont consacré leur vie au royaume de Dieu et à la propagation de l'évangile. De même, l'apôtre Paul connaissait très bien le royaume spirituel et il a complètement rempli son devoir durant toute sa vie.

Serait-il possible pour nous de ressentir et de comprendre ce mystérieux royaume spirituel comme Paul l'a fait ? Bien sûr que oui. Tout d'abord, nous devons avoir soif de ce royaume spirituel. Avoir un désir sincère pour le royaume spirituel prouve que nous reconnaissons et aimons Dieu qui est esprit.

Le royaume spirituel infini représenté dans la Bible

Dans la Bible, nous pouvons trouver de nombreux documents sur le royaume spirituel et les expériences spirituelles. Adam a été créé comme un être vivant, soit un esprit vivant, et il pouvait communiquer avec Dieu. Même après lui, de nombreux prophètes ont communiqué avec Dieu et ont parfois entendu la voix de Dieu de façon directe (Genèse 5:22, 9:9-13, Exode 20:1-17, Nombres 12:8). Parfois, des anges apparaissaient à des personnes pour leur transmettre le message de Dieu. La Bible mentionne également les quatre êtres vivants (Ézéchiel 1:4-14), les chérubins (2 Samuel 6:2, Ézéchiel 10:1-6), des chevaux et des chars de feu (2 Rois 2:11, 6:17), qui tous appartiennent au royaume spirituel.

La mer Rouge a été séparée en deux. De l'eau a jailli d'un rocher par le biais de l'homme de Dieu, Moïse. Le soleil et la lune ont suspendu leur course et se sont tenus immobiles suite à la prière de Josué. Élie a prié Dieu et a fait descendre le feu du ciel. Après avoir terminé tout son travail sur cette terre, Élie a été enlevé au ciel dans un tourbillon. Voici quelques exemples d'occasions où le royaume spirituel s'est manifesté dans cet espace physique.

En outre, en 2 Rois 6, lorsque l'armée d'Aram est venue pour capturer Élisée, les yeux spirituels de Guéhazi, le serviteur d'Élisée, se sont ouverts et il a vu une multitude de chevaux et de chars de feu qui entouraient Élisée pour le protéger. Daniel a été jeté dans la fosse aux lions à cause du stratagème de ses collègues ministres, mais il n'a pas eu la moindre égratignure car Dieu a envoyé un ange pour fermer la gueule des lions. Les trois amis de Daniel ont désobéi au roi afin de préserver leur foi et ont été jetés dans la fournaise ardente chauffée sept fois plus que d'habitude. Mais pas un seul de leurs cheveux n'a brûlé.

Le Fils de Dieu, Jésus, a également pris un corps humain quand Il est venu sur cette terre, mais Il a manifesté les choses du royaume spirituel sans limite et Il n'était pas lié par les limitations de l'espace physique. Il a ressuscité les morts, guérit diverses maladies et a marché sur l'eau. De plus, après Sa résurrection, Il est soudainement apparu à deux de Ses disciples qui étaient sur le chemin d'Emmaüs (Luc 24:13-16), Il a traversé les murs de la maison et est apparu dans la maison où les disciples, qui avaient peur des Juifs, s'étaient enfermés (Jean 20: 19).

Il s'agit en fait de téléportation, et de transcender l'espace physique. Cela nous apprend que le royaume spirituel transcende les limites du temps et de l'espace. Il existe un espace spirituel qui est autre que l'espace physique visible à nos yeux et Jésus se déplaçait le long de cet espace spirituel pour apparaître à l'endroit et au moment qu'Il voulait.

Les enfants de Dieu qui ont la citoyenneté du Ciel doivent avoir soif des choses spirituelles. Dieu laisse les gens qui ont ce désir faire l'expérience du monde spirituel, comme Il l'a dit en Jérémie 29:13 : « Vous me chercherez, et vous me trouverez, si vous me cherchez de tout votre cœur. »

Nous pouvons entrer dans l'esprit et Dieu peut ouvrir nos yeux spirituels quand nous rejetons notre auto-justice, nos auto-conceptualisations et nos cadres mentaux égocentriques et ressentons cette soif.

L'apôtre Jean était l'un des douze disciples de Jésus (Apocalypse 1:1, 9). En l'an 95, il a été arrêté par Domitien, l'empereur Romain, et jeté dans un pot d'huile bouillante. Mais il n'en est pas mort et il a été exilé à Patmos, une île de la mer Égée. C'est là qu'il a rédigé le livre de l'Apocalypse.

Pour recevoir ces révélations profondes, Jean devait en avoir les qualifications. Ces qualifications sont qu'il devait être saint et n'avoir en lui aucune forme de mal mais avoir, au contraire, le cœur du Seigneur. Il pouvait recevoir les profonds secrets et les révélations du ciel par l'inspiration de l'Esprit Saint grâce à des prières ferventes qu'il offrait d'un cœur parfaitement pur et saint.

Le paradis et l'enfer existent vraiment

Dans le royaume spirituel, nous retrouvons le ciel et l'enfer. Peu de temps après avoir ouvert L'église Manmin, Dieu m'a une fois montré le ciel et l'enfer lors d'un temps de prière. La beauté et le bonheur ressentis dans le ciel ne peuvent pas être exprimés ou communiqués par des mots.

Au temps du Nouveau Testament, ceux qui acceptent Jésus-Christ comme leur Sauveur personnel reçoivent le pardon des péchés et le salut. Ils vont d'abord se rendre à la tombe supérieure une fois leur vie terrestre terminée. Ils resteront là pendant trois jours pour s'adapter au monde spirituel, et puis ils se déplaceront au lieu d'attente du Paradis du Royaume des Cieux. Le père de la foi, Abraham, était responsable de cette tombe supérieure jusqu'à ce qu'à l'Ascension du Seigneur, et c'est pourquoi nous trouvons un récit dans la Bible qui nous dit que le pauvre Lazare était « dans le sein » d'Abraham.

Jésus a prêché l'évangile aux âmes de la tombe supérieure après être mort sur la croix (1 Pierre 3:19). Après avoir prêché l'évangile à la tombe supérieure, Jésus est ressuscité et a emmené au Paradis toutes les âmes qui se trouvaient là. Depuis lors, ces âmes qui sont sauvées séjournent dans le lieu d'attente du ciel situé à la périphérie du Paradis. Une fois le jugement du Grand Trône Blanc terminé, ces âmes se rendront à leur lieu de domicile céleste selon la mesure de foi de chacun et ils y vivront éternellement.

Au Jugement du Grand Trône Blanc, qui aura lieu après que la culture humaine soit finie, Dieu jugera chaque action de chaque personne née depuis la création, qu'elle soit bonne ou mauvaise. Ce jugement s'appelle Jugement du Grand Trône Blanc parce que le trône du jugement de Dieu sera tellement lumineux et brillant qu'il semblera complètement blanc (Apocalypse 20:11).

Ce grand jugement aura lieu après la deuxième venue du Seigneur dans les airs et sur la terre, et après le Royaume du Millénium. Pour les âmes sauvées, ce sera le jugement des récompenses, mais pour celles qui ne le sont pas, ce sera un jugement de punition.

La vie après la mort pour les âmes qui ne sont pas sauvées

Ceux qui n'ont pas accepté le Seigneur et ceux qui ont professé leur foi en Lui mais n'ont pas été sauvés seront emmenés par deux messagers de l'enfer après leur mort. Ils vont rester dans un endroit ressemblant à une grande fosse pendant trois jours pour se préparer à vivre dans la tombe inférieure. Seule une douleur atroce les attend. Après ces trois jours, ils seront déplacés vers la tombe inférieure où ils recevront leurs punitions respectives en fonction de leurs péchés. La tombe inférieure, qui appartient à l'enfer, est aussi vaste que le ciel et contient de nombreux endroits pour accueillir les âmes qui ne sont pas sauvées.

Jusqu'au Jugement du Grand Trône Blanc, les âmes restent dans la tombe inférieure pour recevoir toutes sortes de punitions. Ces peines incluent le fait d'être déchiré par des insectes ou des animaux ou d'être torturé par les messagers de l'enfer. Après le Jugement du Grand Trône Blanc, ces âmes iront soit dans le lac de feu, soit dans le lac de souffre (également connus sous le nom de lac de feu et de soufre) et subiront des souffrances pour toujours (Apocalypse 21:8).

Le châtiment du lac de feu et de souffre est incomparablement plus douloureux que le châtiment de la tombe inférieure. Le feu de l'enfer est incroyablement chaud. Le lac de souffre est sept fois plus chaud que le lac de feu. Il est destiné aux personnes qui ont commis des péchés impardonnables comme, par exemple, le fait de blasphémer et de s'opposer au Saint-Esprit.

Dieu m'a une fois montré ce lac de feu et ce lac de souffre. Ces lieux étaient infinis et remplis de quelque chose semblable à de la vapeur qui montait de sources d'eau chaude, et les gens ne pouvaient être vus que vaguement. Certains pouvaient être vu à partir de leur poitrine, et d'autres étaient plongés dans le lac jusqu'au cou. Dans le lac de feu, ils se tordaient de douleur et criaient, mais dans le lac de souffre, la douleur était si grande qu'ils ne pouvaient même pas se tordre. Nous devons croire que ce monde invisible existe vraiment et vivre selon la Parole de Dieu afin d'être certains de recevoir le salut.

Comme le soleil et la lune diffèrent en gloire

En parlant de notre corps après notre résurrection, l'apôtre Paul écrit : « Autre est l'éclat du soleil, autre l'éclat de la lune, et autre l'éclat des étoiles; même une étoile diffère en éclat d'une autre étoile » (1 Corinthiens 15:41).

La gloire du soleil nous parle de la gloire donnée à ceux qui ont complètement rejeté leurs péchés, sont devenus sanctifiés et ont été fidèles dans toute la maison de Dieu sur cette terre. La gloire de la lune se réfère à la gloire donnée à ceux qui n'ont pas atteint le niveau de la gloire du soleil. L'éclat des étoiles est donné à ceux qui ont obtenu encore moins que la gloire de la lune. En outre, comme la gloire d'une étoile diffère de celle d'une autre, tout le monde va recevoir une gloire et des récompenses différentes, même si chacun peut entrer au même niveau de lieux d'habitation dans le ciel.

La Bible nous dit que nous allons recevoir des niveaux de gloire différents au ciel. Les demeures célestes et les récompenses seront différentes en fonction de la mesure dans laquelle nous nous serons débarrassés du péché, avons la foi spirituelle et avons été fidèles au royaume de Dieu.

Le royaume des cieux a plusieurs demeures données à chacun selon la mesure de foi de chaque personne. Le Paradis est donné à ceux qui ont la plus petite mesure de foi. Le Premier Royaume des Cieux est à un niveau plus élevé que le Paradis, le Deuxième Royaume des Cieux est meilleur que le Premier et le Troisième Royaume des Cieux est meilleur que le Deuxième. Dans le

Troisième Royaume des Cieux se trouve la ville de la Nouvelle Jérusalem avec le trône de Dieu.

Le ciel ne peut pas être comparé au jardin d'Éden

Le jardin d'Éden est un endroit tellement magnifique et paisible que le plus bel endroit de la terre ne peut lui être comparé, mais le jardin d'Éden ne peut pas être comparé au Royaume des Cieux. Le bonheur ressenti dans le jardin d'Éden et celui ressenti dans le royaume céleste sont complètement différents parce que le jardin d'Éden se trouve au deuxième ciel et que le royaume des cieux est situé au troisième ciel. Cela est également dû au fait que ceux qui vivent dans le jardin d'Éden ne sont pas de vrais enfants qui ont traversé le processus de la culture humaine.

Supposons que la vie terrestre soit une vie dans l'obscurité sans aucune lumière, la vie dans le jardin d'Éden serait alors comme de vivre avec une lampe, mais la vie au ciel serait comme de vivre avec des lumières électriques. Avant l'invention de l'ampoule électrique, les gens utilisaient des lampes dont l'intensité était assez faible. Mais ces anciennes lampes n'en étaient pas moins précieuses. Lorsque les gens ont vu les premières lumières électriques, ils en ont été surpris.

Nous savons déjà que différentes demeures célestes seront données aux gens selon la mesure de leur foi et le cœur d'esprit qu'ils ont cultivé durant leur vie terrestre. Par ailleurs, ces demeures célestes sont significativement différentes les unes des autres pour ce qui est de leur gloire et du bonheur ressenti. Si nous allons au-delà du niveau de la simple sanctification, sommes fidèles dans toute la maison de Dieu et devenons des personnes totalement spirituelles, nous pouvons entrer dans la ville de la Nouvelle Jérusalem où se trouve le trône de Dieu.

La Nouvelle Jérusalem, le meilleur cadeau donné aux vrais enfants

Comme Jésus l'explique en Jean 14:2 : « Il y a plusieurs demeures dans la maison de mon Père », il y a effectivement de nombreuses demeures dans les cieux. La ville de la Nouvelle Jérusalem abrite le trône de Dieu mais le Paradis est un endroit pour ceux qui ont à peine reçu le salut.

La ville de la Nouvelle Jérusalem, appelée aussi la « Ville de Gloire », est l'endroit le plus beau de tous les lieux de séjour célestes. Dieu veut non seulement que tout le monde reçoive le salut, mais encore que les gens puissent venir habiter dans cette ville (1 Timothée 2:4).

Un agriculteur ne peut pas récolter que la meilleure qualité de blé dans son exploitation. De la même façon, tous ceux qui traversent la culture humaine ne peuvent devenir de vrais enfants de Dieu dans la plénitude d'esprit. Donc, pour ceux qui ne seraient pas qualifiés pour entrer dans la ville de la Nouvelle Jérusalem, Dieu a préparé de nombreuses demeures depuis le Paradis jusqu'aux Premier, Deuxième et Troisième Royaumes des Cieux.

Le Paradis et la Nouvelle Jérusalem sont aussi différents qu'une cabane défraichie d'un palais royal. Tout comme les parents souhaitent donner les meilleures choses possibles à leurs enfants, Dieu veut que nous devenions Ses vrais enfants et partagions toutes choses avec Lui dans la Nouvelle Jérusalem.

L'amour de Dieu ne se limite pas à un certain groupe de personnes. Il est donné à tous ceux qui acceptent Jésus-Christ. Mais les demeures et les récompenses célestes et la mesure d'amour de Dieu données seront différentes selon la mesure de sanctification et de fidélité de chacun.

Ceux qui iront au Paradis, au Premier Royaume des Cieux, ou au Second Royaume des Cieux, n'ont pas rejeté complètement leur chair, et ils ne sont pas vraiment de véritables enfants de Dieu. Tout comme les petits enfants ne peuvent pas tout comprendre sur leurs parents, il est difficile pour eux de comprendre le cœur de Dieu. Par conséquent, dans Son amour et Sa justice, Dieu a préparé différentes demeures, selon la mesure de foi de chacun. Tout comme il est plus agréable de passer du temps avec les amis du même groupe d'âge, il est plus confortable et agréable pour les citoyens célestes de se réunir avec ceux qui ont des niveaux similaires de foi.

La ville de la Nouvelle Jérusalem est également la preuve que Dieu a récolté des fruits parfaits par la culture humaine. Les douze pierres de fondation de la ville prouvent que les cœurs des enfants de Dieu qui entrent dans la ville sont aussi beaux que les pierres précieuses. La porte de perles prouve que les enfants qui passent par ces portes ont cultivé l'endurance tout comme les huîtres donnent des perles par leur endurance.

Lorsqu'ils passent par ces portes, cela leur rappelle l'époque de leur patience et de leur persévérance pour aller au ciel. Quand ils marchent sur les routes d'or, ils se souviennent des chemins de foi qu'ils ont pris sur cette terre. La taille et les décorations des maisons données à chaque personne leur rappellent à quel point ils aimaient Dieu et la façon dont elles ont rendu gloire à Dieu par leur foi.

Ceux qui peuvent entrer dans la ville de la Nouvelle Jérusalem peuvent voir Dieu face à face parce qu'ils ont cultivé un cœur aussi pur et beau que du cristal et sont devenus de véritables enfants de Dieu. Ils seront également servis par des anges nombreux et vivront dans le bonheur et la joie éternelle. Il s'agit d'un endroit ravissant et saint qui dépasse l'imagination humaine.

Il y a également différents types de livres dans le ciel. Le livre de vie contient les noms de ceux qui sont sauvés. Le livre du souvenir décrit des choses qui peuvent être commémorées pour toujours. Il est de couleur dorée et sa couverture comporte des motifs nobles et royaux, on peut donc facilement constater qu'il s'agit d'un livre d'une grande valeur. Il préserve en détail les informations à propos de ce que les personnes ont fait dans différentes situations, et les pièces importantes sont également conservées en vidéo.

Par exemple, il contient des événements tels qu'Abraham offrant son fils Isaac en holocauste, Élie en train de faire tomber le feu du ciel, Daniel protégé dans la fosse aux lions et ses trois amis de Daniel sortant de la fournaise ardente sans aucune brûlure pour rendre gloire à Dieu. Dieu choisit un certain jour précieux pour ouvrir l'une ou l'autre partie de l'ouvrage et en présenter le contenu à la population. Les enfants de Dieu l'écoutent avec bonheur et Lui rendent gloire avec des louanges.

En outre, de nombreux banquets sont organisés constamment dans la ville de la Nouvelle Jérusalem, y compris les banquets de Dieu le Père. Il y a également des banquets organisés par le Seigneur, par le Saint-Esprit, et aussi par des prophètes comme Élie, Hénoc, Abraham, Moïse et l'apôtre Paul. D'autres croyants peuvent aussi organiser des banquets et y inviter d'autres frères. Ces banquets constituent le sommet de la joie de la vie céleste. C'est là que l'on peut voir et profiter de l'abondance, de la liberté, de la beauté et la gloire du ciel d'un seul coup d'œil.

Même sur cette terre, les gens se font beaux et s'amusent, mangent et boivent durant de grands banquets. Cela est le cas également dans le ciel. Aux banquets du ciel, les anges chantent, dansent et jouent de la musique. Les enfants de Dieu peuvent également chanter et danser au rythme de la musique. L'endroit est rempli de superbes danses, de chants et du son de rires joyeux. Durant ces banquets, les croyants peuvent avoir des conversations joyeuses avec les frères de la foi assis à des tables rondes ici et là, ou saluer les patriarches de la foi qu'ils ont envie de rencontrer.

S'ils sont invités à un banquet organisé par le Seigneur, les croyants font tous leurs efforts pour se faire beaux, comme les belles épouses de l'Éternel. Le Seigneur est notre époux spirituel.

Quand les épouses du Seigneur atteignent l'entrée du château du Seigneur, deux anges les reçoivent humblement de chaque côté de la porte qui brille de lumières dorées.

Les murs du château sont garnis de diverses pierres précieuses. Le haut du mur est orné de belles fleurs qui distillent un arôme doux pour les épouses du Seigneur qui viennent d'arriver. Lorsqu'elles entrent dans le château, elles peuvent entendre le son de la musique qui les touche jusqu'au plus profond de leur esprit. Elles ont un sentiment de bonheur et de confort avec le son de la louange et sont profondément émues dans leurs remerciements, en pensant à l'amour de Dieu qui les a guidés vers cet endroit.

Lorsqu'elles marchent sur la route d'or dans le bâtiment principal du château du Seigneur guidées par les anges, leurs cœurs sont remplis d'émoi. Quand elles arrivent près du bâtiment principal, elles peuvent voir le Seigneur qui est venu de l'extérieur pour les recevoir. Immédiatement, leurs yeux sont remplis de larmes, mais elles courent maintenant vers le Seigneur car elles veulent être avec Lui le plus vite possible.

Le Seigneur les étreint une par une, Son visage rempli d'amour et de compassion et Ses bras grands ouverts. Il les accueille en disant : « Venez ! Mes belles épouses ! Bienvenue ! » Les croyants sont chaleureusement accueillis par le Seigneur et Lui rendent grâce de tout leur cœur en disant : « Je te remercie vraiment de m'avoir invité ! » Tout comme ceux qui partagent un amour profond, ils marchent main dans la main avec le Seigneur heureux de regarder toute ce qu'il y a tout autour, et ont les conversations avec Lui qu'ils voulaient tellement avoir sur cette terre.

La vie dans la ville de la Nouvelle Jérusalem, cette vie avec le Dieu trinitaire, est remplie d'amour, de joie, de bonheur et d'allégresse. Nous pouvons voir le Seigneur face à face, être tout contre Lui, voyager avec Lui et profiter de beaucoup de choses avec Lui ! Quelle vie bénie ! Pour profiter de ce bonheur, nous devons devenir saints et arriver à l'esprit, et même à la plénitude d'esprit qui ressemble complètement au cœur du Seigneur.

Par conséquent, efforçons-nous d'arriver rapidement à la plénitude d'esprit avec cet espoir de recevoir les bénédictions que toutes choses iront bien chez nous et que nous serons en bonne santé alors que nos âmes prospèreront et de, plus tard, pouvoir aller aussi près que possible du trône de Dieu dans la glorieuse ville de la Nouvelle Jérusalem.

L'auteur:
Dr. Jaerock Lee

Le Dr. Lee est né en 1943 à Muan, dans la province de Jeonnam, en République de Corée. Lorsqu'il avait une vingtaine d'années, le Dr Lee a souffert de plusieurs maladies incurables durant sept ans et attendait la mort sans aucun espoir de guérison. Cependant, un jour de printemps de 1974, il a été invité à l'église par sa sœur et, quand il s'est mis à genoux pour prier, le Dieu vivant l'a immédiatement guéri de toutes ses maladies.

Dès ce moment où le Dr Lee a rencontré le Dieu vivant au travers de cette expérience merveilleuse, il a aimé Dieu de tout son cœur et avec sincérité et, en 1978, Dieu l'a appelé à Le servir. Il a prié avec ferveur, avec d'innombrables temps de jeûnes, afin de pourvoir comprendre clairement la Parole de Dieu, la mettre entièrement en pratique et y obéir complètement. En 1982, il a fondé l'église Manmin Central Church à Séoul, Corée du Sud, et beaucoup d'œuvres de Dieu, y compris des guérisons miraculeuses, des signes et des prodiges, ont eu lieu à cette église.

En 1986, le Dr Lee a été ordonné pasteur par l'Assemblée Annuelle de l'église de Jésus de Sungkyul en Corée, et, quatre ans plus tard, en 1990, ses sermons ont commencé à être diffusés sur les ondes en Australie, en Russie, aux Philippines et dans beaucoup d'autres pays par le biais de la Société de Radiodiffusion d'extrême orient, de la Station asiatique de retransmission et du Système Chrétien Radio de Washington.

Trois ans plus tard, en 1993, Manmin Central Church a été nommée l'une des « 50 meilleures églises au monde » par le magazine Christian World (USA) et le Dr Lee a reçu un titre honorifique de Docteur en Divinité du Collège Chrétien de la foi, Floride, USA. Puis, en 1996, il a reçu un Ph D en Ministère du Séminaire Théologique Kingsway, Iowa, USA.

Depuis 1993, le Dr Lee s'est investi pour l'évangélisation dans le monde au travers de nombreuses croisades outre-mer en Tanzanie, en Argentine, à Los Angeles, à Baltimore, à Hawaï, à New York, en Ouganda, au Japon, au Pakistan, au Kenya, aux Philippines, au Honduras, en Inde, en Russie, en Allemagne, au Pérou, en République Démocratique du Congo, en Israël et en Estonie.

En 2002, il a été nommé « pasteur de réveil du monde entier » par de grands journaux chrétiens de Corée pour son travail puissant lors de diverses croisades d'outre-mer. En particulier, sa croisade à New York de 2006 qui s'est tenue à Madison Square Garden, la plus célèbre des arènes, a été diffusée dans 220 pays, et sa croisade Israël Uni de

2009 qui s'est tenue au Centre de Convention International de Jérusalem durant lesquelles il a vigoureusement proclamé Jésus-Christ comme Messie et Sauveur. Son sermon a été diffusé vers 176 nations via satellites y compris GCN TV et il a été répertorié comme l'un des 10 dirigeants chrétiens les plus influents de 2009 et 2010 par le magazine populaire chrétien russe In Victory et par la nouvelle agence Christian Telegraph pour son puissant ministère d'émissions télévisées et de travail pastoral auprès d'églises d'outremers.

En mars 2012, Manmin Central Church comptait une congrégation de plus de 120 000 membres. Il y a 10 000 églises filiales établies à travers le monde, y compris 54 églises filiales domestiques, et à ce jour plus de 129 missionnaires ont été envoyés dans 23 pays, y compris aux États-Unis, en Russie, en Allemagne, au Canada, au Japon, en Chine, en France, en Inde, au Kenya et dans beaucoup d'autres.

Á la date de la présente édition, le Dr Lee a écrit 64 livres, y compris les bestsellers Jouir de la vie éternelle avant la mort, Ma vie, ma foi I et II, Le message de la croix, La mesure de la foi, Le ciel I et II, L'enfer et La puissance de Dieu. Ses ouvrages ont été traduits en plus de 74 langues.

Ses articles chrétiens ont été publiés dans The Hankook Ilbo, The JoongAng Daily, The Dong-A Ilbo, The Munhwa Ilbo, The Seoul Shinmun, The Kyunghyang Shinmun, The Hankyoreh Shinmun, The Korea Economic Daily, The Korea Herald, The Shisa News et The Christian Press.

Le Dr Lee est actuellement à la tête de plusieurs organisations et associations missionnaires, y compris président de L'Eglise Unifiée de Sanctification de Jésus-Christ, président de Mission Mondiale Manmin ; président permanent de l'association World Christianity Revival Mission Association, fondateur et président du conseil du Réseau Mondial Chrétien, fondateur et président du conseil du Réseau Mondial de Médecins Chrétiens, et fondateur et président du conseil du Séminaire International Manmin.

D'autres livres puissants par le même auteur

Le Ciel I & II

Une esquisse détaillée de l'environnement merveilleux dont jouiront les citoyens célestes au milieu de la gloire de Dieu.

Le Message de la Croix

Un message puissant de réveil pour tous les peuples qui sont spirituellement endormis. Dans ce livre, vous trouverez le véritable amour de Dieu et pourquoi Jésus est notre seul Sauveur.

Enfer

Un message sérieux de Dieu à toute l'humanité, qui souhaite que même pas une seule âme ne tombe dans les profondeurs de l'enfer ! Vous découvrirez le compte rendu jamais révélé auparavant de la cruelle réalité de l'Hadès et de l'enfer.

La Puissance de Dieu

Un livre à lire absolument qui sert de guide essentiel par lequel on peut posséder la vraie foi et expérimenter la merveilleuse puissance de Dieu.

La Mesure de Foi

Quel type de lieu de séjour céleste et quelles espèces de couronnes sont préparés dans le ciel? Ce livre apporte sagesse et direction pour mesurer votre foi et cultiver la foi la plus parfaite et mature.

Réveille-toi Israël

Pourquoi Dieu a-t-Il gardé les yeux fixés sur Israël depuis le commencement du monde jusqu'à ce jour? Quel type de providence a été préparée pour Israël qui attend le Messie dans les derniers jours.

Ma Vie, Ma Foi I & II

L'autobiographie du Dr.Jaerock Lee produit le plus odorant arôme spirituel pour les lecteurs, au travers de sa vie extraite de l'amour de Dieu qui a fleuri au milieu de vagues ténébreuses, d'un joug glacial et d'un profond désespoir.

Goûter à la vie éternelle avant la Mort

Les mémoires témoignage du Dr Jaerock Lee, qui est né de nouveau et sauvé de la vallée de l'ombre de la mort et a vécu une vie chrétienne exemplaire.

www.urimbooks.com

www.ingramcontent.com/pod-product-compliance
Lightning Source LLC
LaVergne TN
LVHW021807060526
838201LV00058B/3263